Joachim Koch

Neuropsychologie des Frontalhirnsyndroms

S 21 oben

Paralyse 22

Parese

Apraxie 24

Neglect 25 f → Parietale Funktion

re Hemis.

Aposie

Ausdruck 28 → Frontale F.

Koafabulation rechte Hemisph.

Pronsal Endungen 30/31

Prosodiaplonie 31

◦ Prämorbide Pers. 30/32!37, 108

re Hemis. — Emotionen 35, 36

— Störg. d. Prosodie 61

Aphasie 38   Broca → motor.   43

unilaterale Läsionen — 4 nach schwer ermittel-

Aufmerksamkeit → Interferenz 48ff bar 47

executive Funktionen: komplexe Aufgaben

(einfache Intelligenz test genügen nicht)

Limburke Probe   27 Würfel 1 gelber großer W.

Thorn u. Hanoi

Tinker toy-Test (Bastler spielzeug) re-hem., wr bei

nonverbalen Aufgaben Defizite → visuell geleitete

Aufmerksamkeit

61 Damasio   Kein einheitl. Frontalhirnsyndrom

orbitaler Sektor

Poeck: Antries u. Affektivität → Läsion d.

Marklagers

64 Charakterveränderungen wr (bilateral)

"   (Lunge) rechte Hem. → verbal

67 Teuber: Pläne + Intentionen

Antizipation

Joachim Koch

Neuropsychologie des Frontalhirnsyndroms

HOPS

Nauta (68): Wahrnehmungsverarbeitg u. Verhaltensprogramm.
Parietal/Temporal. Verarb. vis., audit u. somatosens.hfg
F.L. als Hauptvermittler beim Info.Austausch zw. Zeref
bralen Crtex u. limb. System

Fuster: Organisation u. Kontrolle v. Handlgen

S71 Hierarchie d. Gehirnfunktionen
73 Kaczmarek: ovollständige Sätze
re: Felddenken a. Bilder / stereotype Sätze   Tab 2!

75 Aufmerksamkeit → Aktheitsarbeit, Informationseinheiten

Auswrt. Aufgabe   67

91 Indifferenz / mangelnde Introspektions-
fähigkeit

BELTZ

Psychologie Verlags Union

Regulation v. Verhalte,   Training v. Handlgs wichtg
104 kogn. Reha: Erstellen v. Plänen u.
Reorganisation v. funkt. Durchführg   Gedächtnisstrg
Kontrolle d. Systemen,   Symmetricität

Arbeit an Einsichtsfähigkeit

Lektorat: Gerhard Tinger

Wissenschaftlicher Beirat der Psychologie Verlags Union:

Prof. Dr. Dieter Frey, Institut für Psychologie, Sozialpsychologie, Universität München, Leopoldstr. 13, 80802 München

Prof. Dr. Ernst-D. Lantermann, Universität Kassel, GH, FB 3, Psychologie, Holländische Str. 36, 34109 Kassel

Prof. Dr. Rainer K. Silbereisen, Fachbereich Psychologie, Justus-Liebig-Universität, Otto-Behaghel-Str. 10, 35394 Gießen

Prof- Dr. Bernd Weidenmann, Universität der Bundeswehr München, Fakultät für Sozialwissenschaften, Werner-Heisenberg-Weg 39, 85579 Neubiberg

ISBN 3-621-27205-4

Die Deutsche Bibliothek – CIP-Einheitsaufnahme

Koch, Joachim: Neuropsychologie des Frontalhirnsyndroms / Joachim Koch. – Weinheim : Beltz, Psychologie-Verl.-Union, 1994
    ISBN 3-621-27205-4

Umschlaggestaltung: Dieter Vollendorf, München
Herstellung: Goldener Schnitt, Sinzheim
Satz, Druck und Bindung: Druckhaus „Thomas Müntzer" GmbH, Bad Langensalza
Printed in Gemany
© 1994 Psychologie Verlags Union, Weinheim
ISBN 3-621-27205-4

Inhaltsverzeichnis

Danksagung

Dieses Buch habe ich nicht allein geschrieben.

Für emotionale und motivationale Unterstützung bedanke ich mich bei allen hier aufgeführten Personen. Meine Dankbarkeit für Verständnis und Zuspruch möchte ich A. Bietau und U. Koch aussprechen.

Ich bedanke mich ganz herzlich bei Dr. D. Heubrock für seine besondere Unterstützung in fachlicher Hinsicht. Er hat zum Entstehen dieser Arbeit wesentlich beigetragen.

M. Koch und E. Koch spreche ich meinen Dank für die umfangreichen Schreibarbeiten am PC und die finanzielle Unterstützung aus.

1. Einleitung

Über Störungen nach Frontalhirnläsionen ist seit fast 150 Jahren geschrieben worden. Defizite nach frontalen Läsionen wurden als ‚Frontalhirnsyndrom' zusammengefaßt. Kliniker und Forscher haben eine Vielzahl von Befunden erhoben. In dieser Arbeit werden für den deutschsprachigen Raum vorliegende Forschungsergebnisse zusammengefaßt, um zu einem besseren Verständnis der Störungen nach frontalen Läsionen beizutragen.

Widersprüchliche Untersuchungsbefunde lassen das Frontalhirnsyndrom weiterhin geheimnisvoll erscheinen. Dabei nehmen Persönlichkeitsveränderungen, für die der Begriff der ‚frontal lobe personality' geprägt wurde, eine besondere Stellung ein.

Schon 1888 hat Welt in ihrer Abhandlung Patienten mit Stirnhirnläsionen auf Charakterveränderungen untersucht. Neben der Analyse von Fallbeschreibungen aus der Literatur schilderte sie die Krankengeschichte eigener Patienten. Ausführlich wurden operative Eingriffe und Obduktionsergebnisse beschrieben. Viele Patienten sind wenige Tage oder Monate nach den Verletzungen gestorben. Der posttraumatischen Einschätzung des Charakters wurden anamnestisch erhobene Daten gegenübergestellt, z. B. war ein gutmütiger, leichtlebiger Mensch nach seiner Verletzung gewalttätig geworden, eine Charakterveränderung, die in der Zusammenfassung des Falles allerdings als vorwiegend vorübergehender Natur beschrieben wurde.

Stirnhirnverletzungen wurden von der Autorin aufgrund unterschiedlicher Ätiologie (äußere Verletzungen, Tumore) differenziert. Im Gegensatz zu Resultaten tierphysiologischer Untersuchungen, in denen nach frontalen Läsionen eine verminderte Aufmerksamkeit und Intelligenz, eine „gewaltsamere Beantwortung der äußeren Reize" und eine „Veränderung des Charakters zum Schlechteren" festgestellt wurden (351), kam Welt in der Zusammenfassung der Ergebnisse ihrer Studie zu dem Schluß, daß Charakterveränderungen infolge von Stirnhirnverletzungen beim Menschen selten vorkommen. Besonders betont wurde der Umstand, daß niemals sofort nach den Verletzungen Veränderungen beobachtet werden konnten. Als Lokalisation von Charakterveränderungen wurde der der Medianlinie naheliegende Teil der orbitalen Fläche bezeichnet, aber bemerkt, daß Läsionen dieser Teile nicht zwangsläufig Charakterveränderungen nach sich ziehen.

Feuchtwanger (1923) berichtete in seiner Studie von einer systematischen Untersuchung von 200 stirnhirnverletzten Personen. Bei 153 Personen war die Läsion auf den präfrontalen Kortex begrenzt. Im Vergleich mit der gleichen Anzahl Hirnverletzter ohne frontale Beteiligung stellte er bei Stirnhirngeschädigten eine geringere Häufigkeit von Störungen der Gedächtnis- und Denkleistungen und weniger Sprach- und Bewegungsstörungen fest. Häufiger traten bei dieser Gruppe Defizite bei der ‚Aufmerksamkeitskonzentration‘, Erregungen und euphorische Verstimmungen, Witzelsucht, Überhastung, depressive Verstimmung und Verlangsamung auf. Feuchtwanger betonte, daß das Stirnhirn keine „stumme Region" ist, deshalb soll, wenn frontale Tumore entfernt werden müssen, nicht mehr Gewebe als unbedingt notwendig entfernt werden. In vier Fallstudien wurde neben Beobachtungen des Verhaltens von Patienten innerhalb und außerhalb der Klinik die klinisch-psychologische Untersuchung beschrieben. In den inhaltlich-gegenständlichen Leistungsfunktionen (Intellekt, Bewegung, Gedächtnis u.a.) kam es zu keinem primären Ausfall, dagegen aber in den Bereichen der Gemütsfunktionen (Grundstimmung, Affekte, Werte, Triebe) und der Tätigkeitsfunktionen der Leistung (Aufmerksamkeit, Willensfunktionen, Motivation u. a.). Intellektuelle Leistungen sind unauffällig, wenn sie mechanisch erbracht werden können, bei Anforderungen an Aufmerksamkeit und Willensspannung machen sich Störungen bemerkbar. Einen bedeutenden Einfluß üben Ausfälle nach frontalen Läsionen auf das „Fortkommen der Personen im Rahmen des sozialen Lebens" aus (Feuchtwanger 1923, 173).

Kleist (1934) betonte nachdrücklich die Unterscheidung von Störungen nach Verletzungen des eigentlichen Stirnhirns (frontaler Kortex außer orbitaler Fläche) und des Orbitalhirns. Nur bei Läsionen des Stirnhirns im engeren Sinne kommt es zu Störungen der Empfindungen, Bewegungen, der Sprache, der Handlungen, der Gedanken und des Antriebs. Der frontale Antriebsmangel zeigt sich in drei Formen: Es besteht eine ausgedehnte Aspontaneität, die besonders die Motorik betrifft, ein Mangel an Sprachantrieb und ein Mangel an Antrieb zu Aufmerksamkeits- und Denkleistungen. Der frontale Antriebsmangel ist von stammhirneigenen Akinesen und einer phlegmatischen Herabsetzung der Trieberregtheit bei dienzephalen Läsionen abzugrenzen. Bei Läsionen des Orbitalhirns kommt es zu defizitären Ich-Leistungen. Das Orbitalhirn ist eng mit dem Cingulum und dem Zwischenhirn verbunden. Störungen der Ich-Leistungen gehen nicht allein vom orbitalen Kortex aus. Kleist betonte die Notwendigkeit, verschiedene Arten von Persönlichkeitsveränderungen zu unterscheiden. Während vom Orbitalhirn nur Ausfallserscheinungen am Selbst- und Gemeinschafts-Ich entspringen, regelt das Zwischenhirn die allgemeine Erregbarkeit der Selbst- und Gemeinschaftsgefühle, des Körper-Ichs (körperliche Empfindungen), der Affektivität (bei Störungen Affektlabilität) und der Triebhaftigkeit (bei Störungen allgemeine temperamentartige Erhöhungen der Trieberregbarkeit). Bei Störungen des Gemeinschafts-Ichs sind sittliche Gesinnungsmängel (Untreue, Lügenhaftigkeit) und auf der Betätigungsseite mangelnde Einpassungs- und Unterordnungsfähigkeit zu verzeichnen. Störungen des Selbst-Ichs zeigen sich in einer „Flegelhaftigkeit, die mit Witzel-, Spott- und Faxensucht" einhergeht und einer Willensschwäche, bei der die Person durch körperliche Bedürfnisse und Verführungen bestimmbar ist (1934, 1251). Vom Orbitalhirn und seinen reziproken Verbindungen zum Stirnhirn und posterioren sensorischen Arealen hängt des weiteren auch das Eigenerleben (bzw. das Fremderleben) der Willensleistungen ab, was die Einheit der Persönlichkeit ausmacht und die Selbstbestimmung des Willens erlaubt.

In seiner Zusammenfassung der Veröffentlichungen über klinische Erscheinungen bei Stirnhirnerkrankungen stellte Ruffin (1939) als psychische Störungen Aspontaneität und Mangel an Antrieb, die Antriebsapraxie und Stimmungsveränderungen dar. Intelligenzleistungen nach frontalen Läsionen wurden als Demenz betitelt oder als kaum beeinträchtigt beschrieben. Diese kontroversen Sichtweisen verschiedener Autoren dienen als Beispiel des Problems, welches Teuber (1964, 410) später „The riddle of frontal lobe function in man" nannte: die große Spannbreite von Symptomen, die nach frontalen Läsionen beschrieben wurden. Es wurde von schwerwiegenden Charakterveränderungen bis zu wenig ausgeprägten Stimmungsänderungen berichtet.

Heygster bemerkte 1948 (zitiert nach Kleinpeter 1980), daß bei Orbitalhirnverletzten der Prozentsatz der Nichtberufstätigen signifikant höher war als bei allen anderen Hirntraumatikern, obwohl keine bedeutenden Defekte der formalen Intelligenz, keine Lähmungen, keine Ausfälle und keine Werkzeugstörungen vorhanden sind.

Kontroverse Grundpositionen kennzeichneten die Frontallappen einerseits als höchste Zentren ('Organe der Zivilisation'), während andere Forscher versicherten, daß auch auf die Entfernung größerer Teile des präfrontalen Kortex keine Verhaltensdefizite folgen. Diesen Widersprüchen soll im folgenden nachgegangen werden, indem nach einer Einführung in neuroanatomische Zusammenhänge der Frontallappen (Kap. 2) die einzelnen psychischen Leistungen bezüglich frontaler Funktionen beschrieben (Kap. 3) und Funktionstheorien verschiedener Autoren vorgestellt werden (Kap. 4). Methodologische Probleme bei der Erforschung frontaler Funktionen und der Analyse der Ergebnisse werden nicht separat dargestellt, sondern in den bezeichneten Kapiteln behandelt. Die Theoriebildung frontaler Funktionen in Verbindung mit diagnostischen Verfahrensweisen (Kap. 5) erlaubt schließlich auch die Ordnung rehabilitativer Ansätze bei Stirnhirnläsionen (Kap. 6).

2. Anatomie des frontalen Kortex

Das menschliche Gehirn kann in fünf Teile eingeteilt werden und umfaßt folgende Strukturen (siehe Abb. 1):

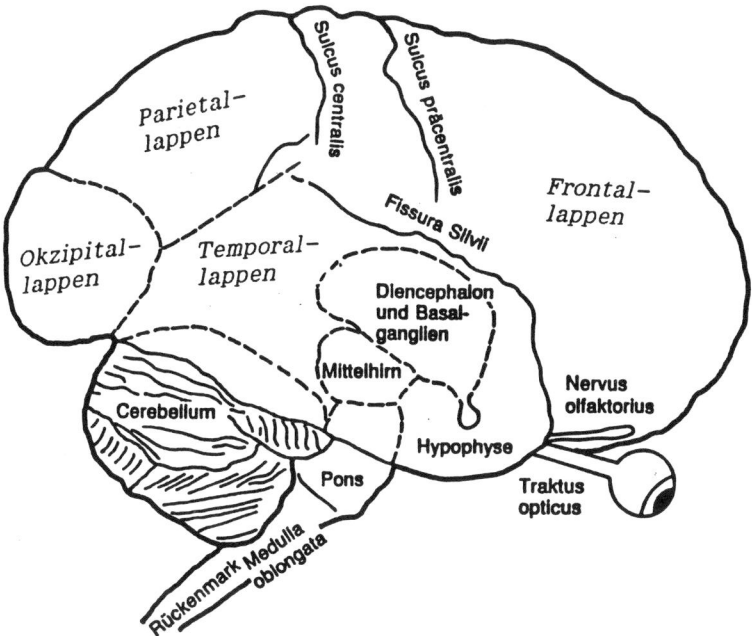

Abb. 1. Strukturen des Gehirns (Seitenansicht),
(modifiziert nach Andreasen 1990).

1. Das Großhirn (Telenzephalon) mit dem Kortex (Neokortex, Großhirnrinde), den Großhirnkernen (Striatum mit Nucleus caudatus und Putamen; Amygdala) und dem Hippocampus.
2. Das Diencephalon (Zwischenhirn) mit Thalamus und dem Hypothalamus.

3. Das Mittelhirn mit Tektum und Tegmentum.
4. Das Nachhirn mit Cerebellum (Kleinhirn) und Pons (Brücke).
5 Die Medulla oblongata.

Alle Gehirnstrukturen außer der Großhirnrinde können als ‚Subkortex' zusammengefaßt werden. Die Sammelbezeichnung ‚Stammhirn' meint alle Gehirnteile mit Ausnahme des Telenzephalons. Der Begriff ‚Hirnstamm' faßt das Mittelhirn, die Brücke und die Medulla oblongata zusammen.

Die Großhirnrinde (Neokortex) besteht aus vier paarig angelegten Strukturen: den Frontal-, den Temporal-, den Parietal- und den Okzipitallappen.

2.1 Anatomische Klassifikationen

Die Frontallappen werden anatomisch begrenzt durch die Zentralfurche (Roland-Fissur, Sulcus centralis) und die laterale Fissur (Sylvia-Fissur, Sulcus lateralis).

Eine weitere Aufgliederung der Frontallappen kann nach strukturellen und funktionellen Gesichtspunkten vorgenommen werden.

Bei strukturellen Gliederungen dient als Differenzierungskriterium die Zytoarchitektur, d. h. der Aufbau des Nervengewebes, z. B. die Anzahl und die Beschaffenheit verschiedener Zellschichten. Eine der gebräuchlichsten Klassifizierungen von Arealen des Kortex aufgrund zytoarchitektonischer Merkmale stammt von K. Brodmann, der eine Unterteilung in verschiedene Felder vorgenommen hat.

Mit Hilfe der Brodmann-Kartierung kann der frontale Kortex mit seinen drei Oberflächen wie folgt eingeteilt werden (siehe Abb. 2):

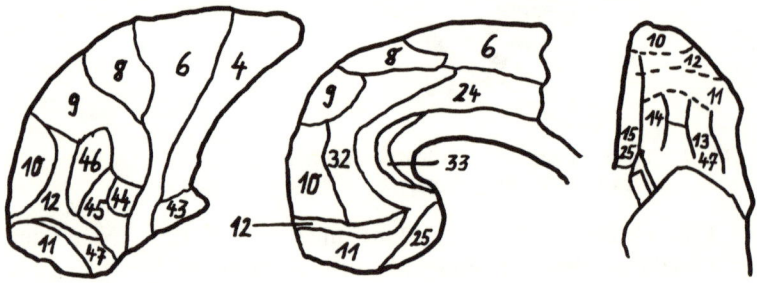

Abb. 2. Brodmann-Kartierung der lateralen, medialen und orbitalen (inferioren, basalem, ventralen) Oberfläche des frontalen Kortex beim Menschen (modifiziert nach: Jouandet & Gazzaniga 1979, 28).

Die laterale Oberfläche umfaßt die Brodmann-Felder 4, 6, 8–12 und 43–47, die mediale die Felder 6, 8–12, 24, 25, 32 und 33 und die basale Oberfläche, die häufig auch orbital, inferior oder ventral genannt wird, umfaßt die Areale 10–15, 25 und 47 (Stuss & Benson 1986).

Einteilungen sind nach funktionellen Gesichtspunkten unternommen worden. Danach kann der frontale Neokortex eingeteilt werden in ein *primäres motorisches Areal* (Feld 4), ein *prämotorisches Areal* (Feld 6, posteriorer Teil des Feldes 8, Felder 44 und 45) und ein *präfrontales Areal* (siehe Abb. 3). Der präfrontale Kortex läßt sich weiter in eine basal-mediale (9–13, 24, 32), eine dorsolaterale (9–12, 46, 47), eine mesiale (9–12) und eine orbitale (10–15, 47) Region unterteilen.

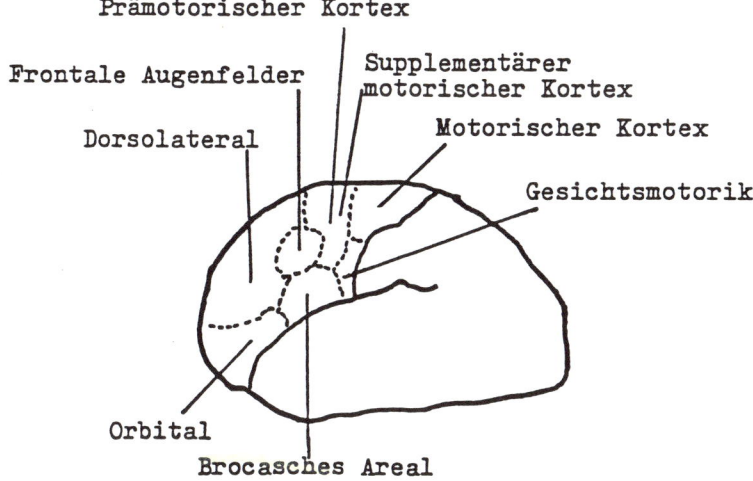

Abb. 3. Funktionelle Karte des frontalen Kortex.

Der Neokortex besteht aus sechs unterscheidbaren Zellschichten:
I   = äußerste Schicht;
II = äußere Körnerschicht;
III = äußere Pyramidenschicht;
IV = innere Körnerschicht;
V = innere Pyramidenschicht;
VI = multiforme Schichten.

Die wichtigsten Zelltypen sind die Pyramidenzellen und die Stern-
zellen. Die Zellschichten unterscheiden sich hinsichtlich der vorherr-
schenden Zelltypen und ihrer funktionellen Eigenart.

Aufgrund des speziellen Aufbaus der Zellschichten kann der frontale Kortex in drei Teile untergliedert werden: in einen agranulären,
einen dysgranulären und einen granulären Kortex.

Der agranuläre Kortex umfaßt die Brodmann-Areale 4 und 6. Hier
sind die Schichten III und V vergrößert, während die Schichten II und
IV fehlen.

Der granuläre Kortex ist identisch mit dem präfrontalen Kortex.
Die granulären Zellschichten II und IV sind vergrößert, während die
Schichten III und V weniger ausgeprägt sind. Der dysgranuläre Kor-
tex ist im Vergleich zum granulären und agranulären Kortex ein
Übergangskortex und umfaßt das Brodmann-Areal 8.

Der frontale Kortex kann anhand seiner Verbindungen zum Thalamus unterteilt werden. Der Thalamus ist ein großes Kerngebiet, welches sich im Zwischenhirn befindet. Der motorische Kortex ist mit
dem ventrolateralen Kern, der prämotorische Kortex mit dem medialen ventralen anterioren Kern und der präfrontale Kortex mit dem
dorsal-medialen Kern verbunden.

Eine weitere Einteilung der Frontallappen, die jedoch weniger
genau ist, ist aufgrund der Blutversorgung möglich. Die dorsolateralen Teile wie auch die laterale orbitale Oberfläche werden von der
mittleren cerebralen Arterie versorgt, während die medialen frontalen
Areale und das mediale orbitale Areal durch die anteriore cerebrale
Arterie versorgt werden.

2.2 Die Frontallappen und ihre Verbindungen zu anderen Gehirnstrukturen

Die frontalen Areale zeichnen sich durch besonders reichhaltige Verbindungen zu anderen kortikalen Arealen bzw. zu subkortikalen
Strukturen aus. Die präfrontalen Abschnitte weisen eine weit kompliziertere Struktur und ein bedeutend komplexeres System afferent-
efferenter Verbindungen auf als Feld 4 und sogar Feld 6 und 8 (Luria
1970). Als einziges Gehirnareal hat der präfrontale Kortex Zugang zu
allen sensorischen Modalitäten (Stuss & Benson 1986). Er erhält Projektionen von den Assoziationsfeldern, während zu den primären sensorischen Feldern keine direkten Verbindungen bestehen.

Fuster (1980) gliederte seine Übersicht der präfrontalen Verbindungen nach dem Gesichtspunkt der Richtung der Signalübermittlung. An Orte, von denen der präfrontale Kortex Afferenzen erhält, sendet er auch Informationen. Eine Ausnahme stellen die Basalganglien dar, zu denen lediglich efferente Verbindungen bestehen. Als Hauptgruppen efferenter Projektionen faßte Fuster

1. Efferenzen zum Thalamus,
2. zu kortikalen bzw. subkortikalen limbischen Formationen,
3. zu neokortikalen sensorischen Arealen und
4. zu den Basalganglien bzw. anderen subkortikalen Strukturen, die mit der Bewegungskontrolle befaßt sind,

zusammen.

Um die Schaltungen des präfrontalen Kortex bei Primaten zu analysieren, nahm Goldman-Rakic (1987) die Verbindungen des auf der dorsolateralen Konvexität liegenden Gebietes (Areal 9 nach Brodmann), welches beim Affen am Sulcus principalis (Areal 46) [Abb. 4] liegt, als Modellsystem, für das gegenwärtig am meisten Informationen verfügbar sind. Der Sulcus principalis partizipiert an dem bedeutenden Mechanismus, räumliche Information über einen Zeitraum, der für eine Antwort benötigt wird, verfügbar zu halten. Die reziproke Schaltung zum parietalen Kortex ermöglicht die Auswahl von Information und die Beibehaltung des Transfers relevanter Information vom parietalen zum präfrontalen Kortex. Auf diese Weise werden für die Handlungsausführung bei Abwesenheit externer Hinweise visuell-räumliche Koordinaten bereitgestellt.

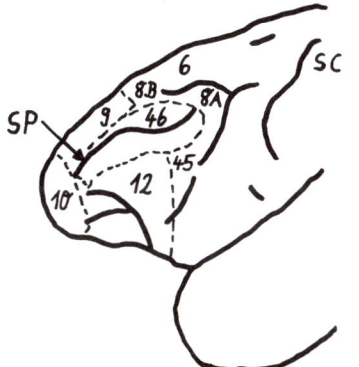 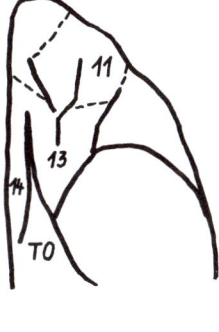

Abb. 4. Kartierung der lateralen und orbitalen Oberfläche des präfrontalen Kortex beim Affen (nach Walker). SP, Sulcus principalis; SC, Sulcus centralis; TO, Tractus opticus (modifiziert nach Goldman-Rakic, 1987, 400).

Zwischen dem Hippocampus und dem Sulcus principalis bestehen vielfache Verbindungen. Über Projektionen vom Hippocampus könnten Langzeitgedächtnisinhalte übermittelt werden, die den vom präfrontalen Kortex regulierten motorischen Output beeinflussen.

Schaltungen zum Striatum, Tectum, Thalamus und prämotorischen Kortex erlauben die Initiierung und die Hemmung einer motorischen Antwort. Durch striatale Verbindungen (Nucleus caudate: Putamen) kann Verhalten gehemmt werden, wodurch die fließende Ausführung einzelner geeigneter Handlungen ermöglicht wird. Kortikal-striatale wie auch kortikal-tektale Projektionen sind nicht reziprok, d. h. weder das Tectum noch der Nucleus caudate projeziert direkt zum Cortex, sondern die Verbindungen zum Cortex laufen über den Thalamus. Aus diesem Grund könnten im Rahmen der Schaltung vom Thalamus zum frontalen Kortex motorische Feedback-Daten übermittelt werden. Neuronen des Sulcus principalis projizieren zu spezifischen Teilen des prämotorischen Kortex. Diese somatotopisch organisierten Areale des prämotorischen Kortex (anteriorer supplementärer motorischer Kortex, SMA) sind mit Arealen des motorischen Kortex verbunden, die ähnlich somatotopisch organisiert sind. So kann der Sulcus principalis die Programmierung des primären motorischen Kortex durch die SMA modulieren. Die präfrontalen Projektionen zur SMA könnten die kortikale Aktivation vom Thalamus regulieren.

Modulatorische Einflüsse auf präfrontale Funktionen üben Catecholamine des Hirnstammes aus. Durch Stimulation postsynaptischer Rezeptoren präfrontal-parietaler oder präfrontal-limbischer Neuronen werden Verbindungen zwischen limbischen und parietalen Arealen und dem Sulcus principalis beeinflußt und die kognitive Verarbeitung erleichtert. Reziproke Projektionen des dorsolateralen Kortex zu den Raphe-Kernen, zum ventralen Tegmentum und zu einem Areal, in das sich Dendriten von Locus-coeruleus-Neuronen ausbreiten, lassen einen wichtigen anatomischen Mechanismus zur Regulation kortikaler Aktivität erkennen. Der präfrontale Kortex mag auf diese Weise direkt oder indirekt auf seine eigene Aktivierung bzw. auf die Aktivierung anderer kortikaler Regionen Einfluß nehmen. Ob die Neuronen in verschiedenen Arealen des präfrontalen Kortex die gleichen Grundfunktionen wie die Neuronen des Sulcus principalis ausüben, läßt sich aufgrund mangelnder Daten nicht definitiv bestimmen. Das frontale Augenfeld [FEF] (Areale 8A u. 45 nach Walker (siehe Abb. 4)) hat hinsichtlich kortikaler und subkortikaler Verbindungen die größten Ähnlichkeiten mit dem Gebiet um den Sulcus principalis. Ein bedeutender Unterschied liegt in den Projektionen zu motorischen Zentren: Der Einfluß des Sulcus principalis ist nicht auf Augenbewegungen begrenzt. Weil er zu verschiedenen motorischen Zentren und dem frontalen Augenfeld Efferenzen sendet, könnte er zu letzterem in einer übergeordneten Rolle stehen.

Die inferiore präfrontale Konvexität (Areal 12 nach Walker) scheint als Hauptziel der Projektionen von den Temporallappen für die Verarbeitung visueller Merkmale spezialisiert zu sein, während der Sulcus principalis für visuell-räumliche Verarbeitung spezialisiert ist. Die Verbindung des Sulcus principalis zum Areal 12 durch eine lokale Schaltung könnte einen Beitrag leisten zur (notwendigen) Verknüpfung der räumlichen Verortung eines Objekts mit seiner Identität.

Der orbitale präfrontale Kortex (Areale 13 und 14 nach Brodmann bzw. Walker) verfügt über eine andere Datenbasis als die bisher beschriebenen präfrontalen Areale, z. B. olfaktorische und interoceptive Informationen. Er erhält Eingänge vom mediodorsalen Kern und von der Amygdala. Mit dem limbischen Kortex ist er über Verbindungen zum temporalen Kortex verbunden. Im Unterschied zu dorsolateralen Arealen projiziert der orbitale Kortex zum cholinergen Kern des basalen Vorderhirns und mag auf diese Weise sowohl seinen eigenen cholinergen Eingang wie auch den anderer Regionen regulieren. Teile des orbitalen Kortex sind eng mit dem autonomen Nervensystem verbunden: Orbitale Stimulation zieht eine Verlangsamung bzw. einen Stillstand der Atmung, eine Erhöhung des Blutdrucks und dramatische Veränderungen der Herzrate und der Herzleistung nach sich. Die Verbindungen frontaler Subdivisionen sind wenig untersucht, für ein ausgeglichen funktionierendes Individuum mit einer integrierten Persönlichkeit und langfristigen Zielen ist die Integration aller Teile der Frontallappen Voraussetzung.

3. Menschliche Leistungen und ihre Beziehung zu Frontalhirnprozessen

In diesem Kapitel setze ich verschiedene Fähigkeiten des Menschen (z. B. Motorik, Sprache, Aufmerksamkeit) zu Frontalhirnprozessen in Bezug. Ausgangspunkt für die Beschreibungen in den Teilkapiteln sind die einzelnen Funktionen. Die Analyse von Beeinträchtigungen nach Frontalhirnschädigung bringt die Schwierigkeit mit sich, für Defizite die Störung einer bestimmten Funktion verantwortlich zu machen. So mag die Störung einer spezifischen Leistung (z. B. Aufmerksamkeit) indirekt Defizite in anderen Bereichen (z. B. beim Gedächtnis) verursachen. Aus diesem Grund ist eine Unterscheidung in primäre und sekundäre Störungen für das Verständnis von Auswirkungen mit subtilem Charakter hilfreich. Zwischen den einzelnen Funktionsbereichen, die in getrennten Unterkapiteln beschrieben werden, bestehen Überschneidungen, z. B. ist Aufmerksamkeit eng mit exekutiven Funktionen verknüpft.

3.1 Motorische Funktionen

Die offensichtlichste aller Funktionen des Frontalhirns ist die Beteiligung an motorischen Antworten, besonders an willentlichen Bewegungen. Willentliche Bewegungen kann der präzentrale Kortex allerdings nicht allein generieren, sondern nur zusammen mit den Basalganglien (Kornhuber 1984) und zwar dem Striatum. Bei der Vorprogrammierung von Bewegungen ist des weiteren das Cerebellum bedeutend (Eccles 1982). Dem motorischen Kortex kommt eine Rolle bei der fortgeschrittenen propriozeptiven und taktilen Einstellung von Bewegungen der Lippen, Zunge, Zehen und Finger zu.

Grundsätzlich sind primär-motorische von apraktischen Störungen zu unterscheiden.

Unmittelbare Funktionsausfälle nach Läsionen des primär-motorischen Kortex (Areal 4, Teile von Areal 6, Randzonen der postzentralen Areale 3–1), die in der Bewegungsunfähigkeit der kontralateralen Muskulatur und dem Erlöschen der gesamten Reflexerregbarkeit bestehen, bilden sich zu einem Zustand zurück, der oberflächlich als normal zu bezeichnen wäre, der aber bei genauer Prüfung verlangsamte Bewegungsfolgen und Lernprozesse bzw. Feinabstimmungen motorischer Akte durch mangelnde taktile Orientierung erkennen läßt (Henatsch 1976). Wenn nur Areal 4 verletzt ist, kommt es nicht zu Spastizität, im Gegensatz zu dem Fall, wo das supplementäre motorische Areal (SMA) mitbeschädigt ist. Bei isolierten Läsionen des SMAs sind keine deutlichen Bewegungsdefekte zu verzeichnen, aber abnorme taktile Greifreflexe, die in verstärkten Zupack- und Nachgreifreaktionen bestehen, aber nach ein bis zwei Wochen wieder verschwinden (Asanuma 1989).

Verschiedene neurologische Zeichen (frontal release signs) sind mit Frontalhirnprozessen in Verbindung gebracht worden. Mc Allister und Price (1987) hielten sie diagnostisch nicht für sehr nützlich. Der Greifreflex scheint als einziges Zeichen frontale Pathologie anzuzeigen (Stuss & Benson 1986).

Als ,Verwendungsverhalten' (utilization behavior, UB) hat Lhermitte (1983) forciertes bilaterales manuelles Greifverhalten bezeichnet, d. h. der Patient ergreift und benutzt taktil und visuell präsentierte Objekte zwanghaft. Als Erklärung beschrieb Lhermitte die Unterdrückung einer hemmenden frontalen Funktion auf die Parietallappen, wobei der Patient von der Stimulation durch die Außenwelt abhängig wird und ihr wortwörtlich hemmungslos ausgeliefert ist. Die Störung hat Lhermitte mit einer orbital-frontalen Läsion verbunden, aber dennoch die Frage gestellt, ob nicht tiefe Läsionen des Gehirns, besonders des Thalamus, für diese Störung der Frontalhirnfunktion verantwortlich sein könnten. Als erste Stufe des Verwendungsverhaltens wurde ein Imitationsverhalten (Imitation behavior, IB) beschrieben, bei dem die Patienten, obwohl nicht instruiert, die Gesten des Untersuchers imitierten (Lhermitte, Pillon, Serdaru 1986). Weil die Patienten dachten, es wäre ihre Aufgabe, wurde das Imitationsverhalten als willentlicher Akt von automatischem oder reflexhaftem Verhalten wie der klassischen Echolalie, bei der Gehörtes wiederholt wird, und der Echopraxie, bei der Bewegungen des Gegenüber wiederholt werden, abgehoben.

Die Autoren kamen zu dem Schluß, daß in allen Fällen von IB und UB frontale Läsionen eine fundamentale Bedeutung hatten und inferiore und mediobasale Areale betroffen waren. Beide Verhaltensweisen konnten bei zusätzlich aufgetretenen parietalen Läsionen nicht festgestellt werden. Als eine Erklärung für den Autonomieverlust nach unilateraler frontaler Läsion bei IB und UB wurden Veränderungen im retikulären System angeführt, dessen Efferenzen wiederum normale Frontalhirnfunktionen modifizieren könnten. Beobachtungen in komplexen, aber alltäglichen Situationen ließen Lhermitte (1986) eine bedeutende Umweltabhängigkeit von Patienten mit unilateralen fokalen frontalen Läsionen erkennen, die er als ‚environmental dependency syndrome‘ herausstellte.

Im folgenden stelle ich Aspekte der Theorie Lurias dar und behandle das Problem der Perseverationen.

Luria (1973) hat betont, daß jede willentliche Bewegung aus einem komplizierten funktionellen System besteht. Zur Ausführung einer Bewegung sind mehrere Bedingungen erforderlich.

1. Zuerst ist eine kinästhetische Afferentation (Empfindungen von den Muskeln, die zum Gehirn geleitet werden) notwendig, d. h. ein System kinästhetischer Impulse von den Körpergliedern zum Gehirn. Die Stellung der Gelenke und der Muskeltonus werden angezeigt.

2. Weil jede Bewegung in einem räumlichen System stattfindet, ist die Synthese visuo-räumlicher Afferentationen erforderlich, welche parieto-occipital stattfindet. Hier werden Meldungen des visuellen, des vestibulären und des hautkinästhetischen Systems verarbeitet.

3. Jede Handlung besteht aus einer Kette aufeinanderfolgender Bewegungen, wobei jedes einzelne motorische Element einen isolierten Impuls benötigt. Bei automatisierten Bewegungen ist die Aneinanderreihung einzelner Impulse reduziert und Bewegungen werden wie eine einzige ‚kinetische Melodie‘ (Bewegungsmelodie) ausgeführt. Hierfür verantwortlich sind die Basalganglien und die prämotorischen Areale des Kortex. Bei Läsionen der Gehirnteile tritt eine ‚kinetische Apraxie‘ auf, bei der motorische Elemente nicht weiter zu einer einzigen gleichförmigen, aufeinanderfolgenden Melodie synthetisiert werden können.
Eine Läsion der prämotorischen Areale, die weder eine Paralyse (vollständige Lähmung) noch eine Parese (leichtere, unvollständige Lähmung) der kontralateralen Körperseite (die der Läsion gegenüberliegende Seite) nach sich zieht und die Intention zur Ausführung der Bewegung wie auch den generellen Plan ihrer Ausführung intakt läßt, nimmt erlernten Bewegungen die Flüssigkeit (Trägheit des motorischen Stereotyps). Bei tieferliegenden

prämotorischen Läsionen, bei denen die modulierende und hemmende Funktion des prämotorischen Kortex bezüglich subkortikaler Strukturen aufgehoben ist, kommt es zu elementaren motorischen Perseverationen. *(Wiederholungsbewegungen)*

4. Zur Ausführung komplexerer, bewußter Bewegungen gehören ferner sprachlich geleitete Intentionen, die Verhalten regulieren.

Bei präfrontalen Läsionen ist die allgemeine Form der Handlung durch die pathologische Trägheit betroffen, was sich in den Orientierungsreaktionen auf irrelevante Stimuli zeigt. Obwohl eine verbale Aufforderung im Gedächtnis behalten werden kann, reguliert sie nicht länger die begonnene Handlung, Resultate werden nicht geprüft (Disintegration der Funktion des Handlungs-Akzeptors nach Anochin) und Fehler nicht bemerkt. Bei besonders schweren Frontallappen-Läsionen kommt es zur völligen Passivität des ‚apathisch-akinetischen-abulischen Syndroms‘, bei dem die höheren Formen der Organisation bewußter Aktivität, die mit Hilfe von Sprache durch Motive kontrolliert wird, gestört sind.

Die beschriebenen zwei unterschiedlichen Arten von motorischer Perseveration hat Luria (1965) anhand von Falldarstellungen ausführlicher dargelegt. Die Ergebnisse einer experimentellen Untersuchung eines Tumorpatienten (Luria, Pribram & Homskya 1964), der komplexere verbale oder visuell dargebotene Instruktionen nicht ausführen konnte, was nicht durch Verständnisprobleme zu begründen war, wurden von Canavan, Janota und Schurr (1985) kritisiert. Die Autoren merkten an, daß viele Verletzungen außerhalb der Frontallappen lagen und das beschriebene Syndrom nur in einer kurzen postoperativen Periode bei ausgedehnter intellektueller Dysfunktion auftritt, was anhand einer eigenen Falldarstellung verdeutlicht wurde.

Benson und Stuss (1982) stellten in einer Leukotomie-Studie fest, daß Patienten mit bifrontalen-orbitalen Läsionen (Verletzungen in beiden Hemisphären) eine motorische Testreihe erfolgreich ohne motorische Perseverationen absolvieren konnten und stellen die Frage, ob für diese Störungen nicht eine Beteiligung der Basalganglien notwendig ist.

Zum Problem der Perseverationen wiesen Goldberg und Bilder (1987) darauf hin, daß diese bei präfrontalen Läsionen sowohl auf einer horizontalen Ebene in verschiedenen kognitiven bzw. behavioralen, z. B. mnestischen, verbalen, okulomotorischen, motorischen Bereichen auftreten, als auch auf einer vertikalen Ebene verschiedene hierarchische Ebenen kognitiver Kontrolle betreffen können, wobei

mit Luria efferente und Perseverationen höherer Ordnung, wie z. B.
Perseverationen von Elementen, Merkmalen oder Aktivitäten bzw.
semantischen Kategorien unterschieden wurden. Die letztere Form
wurde bilateralen präfrontalen Läsionen ohne Beteiligung der Basalganglien zugeordnet. Ebenso wurden visuelle Strukturierungsmerk-
male angeführt, wie z. B. Geschlossenheit versus Offenheit, Symme-
trie oder Konvexität versus Konkavität, die perseverierten. Die
Autoren zogen den Schluß, daß Perseverationen als Teil eines Syndroms, das exekutive Funktionen stört, nicht nur bei frontaler Pathologie auftreten, sondern auch bei diffusen Dysfunktionen des Gehirns.
Die Lokalisationsspezifik wurde auch von Fuster (1980) bestritten,
der bemerkte, daß Perseverationen zwar häufig, aber nicht ausschließlich bei präfrontalen Läsionen auftreten. Bei Go/no go-Lern-
aufgaben waren Patienten mit frontalen Läsionen verschlechtert
(Drewe 1975) und zeigten die Tendenz, nur einen Typ von Antwort
zu geben, was in einer erhöhten Anzahl falscher go-Antworten resultierte.

Zusammenfassend stellte Fuster (1980) aus tierexperimenteller
Sicht als Effekte auf die Bewegungsfähigkeit nach präfrontalen
Läsionen Hyperaktivität, Ablenkbarkeit und mangelnde hemmende
Kontrolle fest, als gemeinsames Merkmal des klinischen Bildes beim
Menschen hob er eine Gesamtreduktion der spontanen Bewegungen
heraus, wobei bestimmte automatisierte Verhaltensweisen vermehrt
auftreten können und einige Patienten Ruhelosigkeit zeigten.

Im folgenden sollen *Apraxien* beschrieben werden. Ob aus frontalen Läsionen Apraxien resultieren, ist auch eine Frage der Definition
und der damit zusammenhängenden Klassifizierung. Die klassischen
Hauptformen von Apraxie (ideomotorische, ideationale, konstruktio-
nale und Ankleide-Apraxie) (Hécaen 1981) sind mit posterioren
Läsionen verbunden worden. Kornhuber (1984) hat die Apraxie als
Unfähigkeit zu handeln bei Abwesenheit von Paralyse bezeichnet und
als Grund für die Probleme mit einfachen Gesten (bei der ideomoto-
rischen Apraxie) wie auch für Schwierigkeiten bei komplexen Handlungen (der ideatorischen Apraxie) links-parietale Läsionen angenommen.

Als efferente Formen unterschied Luria (1963) bei Verletzungen
der prämotorischen und frontalen Areale die ‚dynamische Apraxie‘,
bei der Schwierigkeiten bei der Durchführung von Serien nacheinan-
der folgender Bewegungen bestehen, von der ‚kinetischen Apraxie‘
bei prämotorischen Läsionen, wo eine Störung der kinetischen Melodie mit einer pathologischen Trägheit und Perseverationen einhergeht.

Als Ergänzung hat Hécaen (1981) die Gang-Apraxie ('frontale Ataxie') beschrieben. Apraxie definierte er (1981,257) als „Beeinträchtigung der Fähigkeit, eine zielgerichtete Bewegung auszuführen", obwohl „normale primäre motorische Fähigkeiten (Kraft, Reflexe, Koordination) und ein normales Verständnis der auszuführenden Handlung (keine Agnosie, keine generelle intellektuelle Beeinträchtigung)" vorliegen.

Verschiedene andere Formen von Apraxie sind mit frontalen Läsionen in Verbindung gebracht worden: z. B. Nathans bucco-linguofaciale Form (es können willentlich mit den Muskeln des Kehlkopfes, des Rachens, der Zunge und der Wangen keine Bewegungen durchgeführt werden, wohl aber automatisierte Bewegungen) und Kleists melokinetische Apraxie (die Schnelligkeit und die Geschicklichkeit bei komplexen oder seriellen Bewegungen ist eingeschränkt), gegen deren Einordnung als Apraxie Hécaen (1981) Argumente aufführte.

Brown (1975) hat Lurias Testpraxis als nicht präfrontal-läsionsspezifisch kritisiert und Apraxie bei Läsion des linken prämotorischen Kortex als Substitution oder defizitäre Selektion von Teilbewegungen aufgefaßt, die „von einer Veränderung des motorischen Timings oder einem Wechsel im kinetischen Muster für eine besondere Bewegungssequenz herrührt" (1985,37).

Weil Apraxien und Neglect-Syndrom (jemand ist nicht in der Lage, auf neue oder bedeutungsvolle Stimuli, die auf der Seite, die der Gehirnläsion gegenüberliegt, dargeboten werden, zu reagieren oder von ihnen zu berichten. Es dürfen weder sensorische noch motorische Defizite vorliegen (Heilman, Watson, Valenstein 1985)) nach Schädigungen des lateralen prämotorischen und des inferioren parietalen Kortex auftraten, stellte Pribram (1987) die Frage, ob nicht beide als Störungen des Selbstbildes aufgefaßt werden können und die Apraxie als graduell abgestufte Form von Neglect angesehen werden kann.

3.2 Wahrnehmungsfunktionen

Defizite in Wahrnehmungsfunktionen, die mit Frontalhirnläsionen in Verbindung stehen, sind vor allem in der visuellen Modalität erforscht und in folgenden Teilgebieten beschrieben worden: Neglect (halbseitige Aufmerksamkeitseinschränkung), visuelles Suchen und visuellräumliche Funktionen. Als klinische Störungen wurden Oneirismus (traumähnliche Erlebnisweise), anfallartig auftretende Halluzina-

tionen, Antons Syndrom (erworbene Blindheit wird verleugnet) und
Balints Syndrom (Störungen der Blickbewegungen) aufgeführt (Stuss
& Benson 1986).

Neglect-Phänomene sind häufig mit parietalen Läsionen verbunden
worden, besonders mit Läsionen der nicht-dominanten Hemisphäre.
Damasio et al. (1980) stellten fest, daß Neglect auch bei Schädigungen der Frontallappen und der Basalganglien auftritt.

Der mit Läsion des parietalen Areals 7 auftretende unilaterale
Neglect tritt mit kürzerer Dauer auch bei unilateralen Läsionen frontaler Areale (mesiale und dorso-laterale Teile) auf, die eng mit dem
bezeichneten parietalen Gebiet verbunden sind. Beide Areale gehören
zusammen mit dem limbischen System, der Formatio reticularis und
dem Striatum zu dem System, das Prozesse der selektiven Aufmerk-
samkeitssteuerung lenkt.

Die frontalen Teile üben in Verbindung mit dem supplementären
motorischen Areal eine Kontrollfunktion gegenüber den parietalen
Teilen aus.

Die im posterioren Teil des mittleren Gyrus frontalis gelegenen
frontalen Augenfelder (Areal 8) scheinen eine bedeutende Rolle bei
der willentlichen Initiierung von Augenbewegungen zu spielen (Stuss
& Benson 1986).

Luria (1970), der die aktive Komponente des Wahrnehmungs-
prozesses betonte, charakterisierte das Wahrnehmungsdefizit bei
Frontalhirnschädigung als Störung des aktiven visuellen Suchens
(dynamische „frontale Agnosie"), welches bei Aufzeichnungen der
Augenbewegungen (Luria 1973,218), bei Wahrnehmungsversuchen
mit sich schnell bewegenden Objekten und Bildserien zu erkennen
ist. Weil die initiale planmäßige Orientierung im Wahrnehmungs-
material gestört ist, werden von einer Abbildung weniger Details
wahrgenommen und bei Focussierung auf ein einzelnes Merkmal
wird nach einem impulsiven Urteil ein falsches unkorrigiert beibehalten.

Störungen der visuell-räumlichen Funktionen nach Frontalhirnläsionen sind sowohl in visuell-perzeptiver als auch in visuell-kon-
struktiver Hinsicht qualitativ von Defiziten nach posterioren Läsionen
zu unterscheiden und treten bei komplexeren Aufgaben, die eine Analyse erfordern, zutage. Bei Betrachtung des Durchführungsprozesses
und der Bewertung des Endresultates fällt eine beeinträchtigte
Beschreibung der eigenen Handlungen, ein fehlender Trial- and
Error-Ansatz neben impulsivem, wenig orientierendem Verhalten auf,
was auf visuell-räumlichen Störungen zugrundeliegende Planungs-

probleme verweist (Stuss & Benson 1986). Ein Beispiel beschreibe ich im Kapitel ‚Exekutive Funktionen' mit Hilfe der Linkschen Probe.

Der Subtest ‚Bilderordnen' der Intelligenzskalen von Wechsler scheint in besonderem Maß frontale Pathologie anzuzeigen, wie Hamlin (1970) in seiner Langzeitstudie topectomisierter Patienten bemerkte. Defizite erschienen allerdings lokalisationsspezifisch bei superioren (besonders Areale 9, 10, 46), nicht bei orbitalen Läsionen, bei denen keine IQ-Verluste festgestellt werden konnten. Bei der Testdurchführung wurde beobachtet, daß Frontalhirnpatienten die Reihenfolge der Karten nur wenig veränderten und dazu eine Geschichte erfanden oder eine Erzählung um wenige hervorspringende Merkmale rankten, deren mangelnde Reichhaltigkeit im Gegensatz zu den gut erhaltenen Gedächtnisleistungen stand (Walsh 1978).

Zusammenfassend kann festgestellt werden, daß im Gegensatz zu gestörter Raumsynthese bei okzipitalen und parieto-okzipitalen Läsionen Wahrnehmungsfunktionen bei Frontalhirnschädigungen dann beeinträchtigt sein können, wenn es um die perzeptive Organisation geht (Luria 1970; Stuss & Benson 1986).

3.3 Bewußtsein

Die klassische Erklärung für gestörtes Bewußtsein mit unterschiedlichen Graden von Unaufmerksamkeit und Gleichgültigkeit bis Verleugnung waren parietale Dysfunktionen.

Als Syndrome, an denen frontale Dysfunktionen beteiligt sein könnten, führten Stuss und Benson (1986) neben der Anosognosie und Konfabulationen die reduplikative Paramnesie und das Capgras Syndrom auf. Eine frontale Involviertheit bei der *reduplikativen Paramnesie*, bei der der Patient den Namen des Krankenhauses, in dem er sich befindet, weiß, es aber an einem anderen Ort wähnt, und dem *Capgras Syndrom*, bei dem eine bekannte Person als Schwindler, der dem Betreffenden nur ähnelt, wahrgenommen wird, wurde mit einer Dissoziation zwischen Wissen und Anwendung und einer Unfähigkeit der Selbst-Überwachung und Korrektur begründet.

Das Nichterkennen einer durch eine Läsion hervorgerufene Krankheit *(Anosognosie)* läßt sich, weil spontan keine Klagen geäußert werden, diagnostisch nur durch Befragung klären, in der das Symptom geleugnet und eine konfabulatorische Antwort gegeben wird (Poeck 1989). Ein gestörter Gedächtniszustand, der die Erinnerung des eigenen Defektes verhindert, ist von Stuss und Benson (1986) für pathogenetisch bedeutend gehalten worden. Poeck (1989) betonte für die häufige Form der Anosognosie für Halbseitenlähmung, daß stets schwere, allgemeine Funktionsstörungen vorliegen, die sich in Antriebsverminderung, Störungen der Orientiertheit und der Denkabläufe, eingeschränkter Wachheit und Greifreflexen äußern.

Konfabulation kann als „replacement left by a disorder of the memory with imaginary remembered experiences consistently believed to be true" erklärt werden (Collins English Dictionary, 1979; zit. nach Baddeley & Wilson, 1986, 245). Sie tritt bei Patienten mit Amnesie auf, welche das Phänomen aber nicht gänzlich erklärt. Fehlende Selbstkritik, Unfähigkeit zur Selbstkorrektur und Unaufmerksamkeit gegenüber eigenen Äußerungen sind bei einer schweren persistenten Form impulsiver Konfabulation bei frontaler Läsion als bedeutender beschrieben worden (Stuss et al. 1978). Obwohl bei vielen amnestischen Patienten keine ersichtliche Schädigung der Frontallappen vorliegt (Stuss & Benson 1986), könnten Frontalhirnfunktionen, wie das Überwachen von Antworten, durch Unterbrechung von Verbindungen zum Stirnhirn gestört sein. Bei einer schweren Form von Konfabulation wurde eine frontale Dysfunktion als notwendig angenommen (Stuss et al. 1978).

Unterschiedliche Arbeitsweisen der Hemisphären und Probleme interhemisphärischen Informationsaustausches (auch bei nichtgeschädigtem Gehirn) sind nach Joseph (1986) der Grund für vornehmlich bei rechtshemisphärer Läsion auftretende unterschiedliche Formen von Konfabulation, durch die entstandene Informationslücken (gap filling) vermittels des Sprachareals ausgefüllt werden. Bei Frontalhirnschädigung bzw. der Läsion fronto-thalamischer Bahnen kommt es sekundär nach Überaktivität und Sprachenthemmung zu phantastischen Konfabulationen.

3.4 Emotion, Affekte und Persönlichkeit

Ein klassischer Fall, der häufig bei Erörterungen des Verhältnisses von Frontalhirnschädigung und Persönlichkeitsveränderung referiert wird, wurde zuerst von Harlow im Jahre 1848 berichtet (Beaumont 1987). Phineas Gage hatte im gleichen Jahr einen Unfall, bei dem eine Eisenstange durch den vorderen Teil seines Schädels schlug und als dessen Folge eine bedeutende Persönlichkeitsveränderung eintrat: War er bis dahin als energisch und beständig bei der Durchführung aller seiner Vorhaben beschrieben worden, wurde er hernach als rücksichtslos, impulsiv und eigensinnig charakterisiert. Seine Ansichten hätte er ständig geändert. Seine Persönlichkeitsveränderung faßten Freunde und Bekannte markant zusammen, indem sie äußerten, „er sei nicht mehr Gage" (Beaumont 1987, 65).

Obwohl außer Frage steht, daß in diesem Fall eine bedeutende Persönlichkeitsänderung eintrat, äußerte Fuster (1980) Zweifel am wissenschaftlichen Wert dieses Falles und vermutete eine zusätzliche Schädigung außerhalb der Frontallappen.

Die These der ‚frontal-lobe personality'

Wenn die Feststellung kognitiver Veränderungen nach Frontalhirnschädigung schon besondere Probleme bereitet, so deutet die vorliegende Fragestellung auf noch größere Schwierigkeiten hin: Newcombe und Ratcliff (1979, 511) schlossen, daß „Neuropsychologen dazu geneigt haben, diesen Bereich affektiven Wechsels zu vermeiden." Wie auch Prigatano (1986a) feststellte, wurden emotionale und motivationale Probleme nach Gehirnverletzungen von Neuropsychologen nicht systematisch untersucht. Milner hat primär Kognition untersucht und Luria hat eine motorisch-kognitive Annäherung betont und in seinen generellen neuropsychologischen Konzepten Bedürfnisse, Motive und Emotionen wenig behandelt (Simonov 1986), was Jantzen (1979) zum Anlaß genommen hat, neben Lurias drei grundlegenden funktionellen Einheiten des Gehirns eine vierte Haupteinheit für die Regulation und Koordination der emotional-motivationalen Aktivität anzunehmen. Als Hauptproblem wurde ein Mangel an konsistenter Terminologie hervorgehoben und versucht, zentrale Kategorien wie mood, affect, drive, motivation, emotion und personality zu definieren (Stuss & Benson 1986; Prigatano 1986a). Fuster (1980) betonte den besonderen Wert klinischer Studien für die Erforschung emotionaler Störungen nach präfrontalen Läsionen, was den Wert von experimentellen Tierstudien bezüglich der Übertragbarkeit ihrer Ergebnisse in Frage stellt. Dennoch ist das häufig angeführte Ergebnis aus der Tierforschung interessant, daß nach Frontalhirnschädigung prämorbides Verhalten sich nicht drastisch verändert, sondern akzentuiert wird (Stuss & Benson 1986).

Veränderungen der Emotionen werden schon seit langem bei Frontalhirnschädigung angenommen, wie der eingangs berichtete Fall belegt; Persönlichkeitsänderungen wurden mit dem Begriff der „frontal lobe personality" bezeichnet, unter dem eine große Anzahl von Verhaltensabnormalitäten und Besonderheiten beschrieben worden sind. Stuss und Benson (1984) zählten u.a. folgende auf: ungehemmtes, taktloses und obszönes Verhalten; Witzelsucht; abgeschwächte Gefühle; gefühllose Gleichgültigkeit (unconcern); Prahlerei; grandioses, halsstarriges und kindlich-egozentrisches Verhalten; verringerte Spontaneität und Initiative; ineffektive oder nachlässige Arbeitsweise; Apathie, Trägheit, Indifferenz und Schwerfälligkeit des Denkens; geistesabwesender Gesichtsausdruck; nachlässige Kleidung; unersättliches Essen; auffallender Mangel an Einsicht (insight).

Ergebnisse klinischer Studien

Im folgenden soll den Fragen nachgegangen werden, welche Veränderungen auf die organische Schädigung zurückzuführen sind, bzw. ob andere ätiologische Faktoren als Verursacher oder Mitverursacher verantwortlich gemacht oder ausgeschlossen werden können und ob es ein zugrunde liegendes Defizit für viele Verhaltensänderungen gibt.

Rylander (1948/1966) beschrieb in seiner Arbeit bei allen lobotomisierten Patienten als Verhaltensänderungen emotionale Labilität mit Tendenzen zu Gefühlsausbrüchen, Extrovertiertheit, Taktlosigkeit und leicht euphorische Eigenschaften. Einen Kausalzusammenhang stellt er nicht explizit her.

Ein ‚Frontalhirnsyndrom' hat Lishman (1968, 400) in seiner Studie bei Vorliegen eines der folgenden Symptome in schwerer Ausprägung angenommen: „euphoria; lack of judgment, reliability or foresight; facile or childish behaviour; disinhibition". Der Autor betonte, daß er nicht versucht hat, die Beiträge anderer Faktoren wie prämorbide Persönlichkeit, Konstitution und Umweltstreß von der Gehirnschädigung selbst zu trennen und stellte bei 9 von 32 Fällen von ‚Frontalhirnsyndrom' fest, daß Verletzungen vorlagen, die die Frontallappen nicht ersichtlich betrafen.

Robinson et al. (1984) haben in einer Studie über Störungen der Stimmung (mood) bei Schlaganfall-Patienten herausgefunden, daß bei Patienten mit links-anterioren Läsionen gegenüber jeder anderen Lokalisation die Schwere der Depression signifikant angewachsen war. Sie bemerkten, daß sie die selbstgestellte Frage nach der Ätiologie der Depression nicht völlig beantworten konnten und vermuteten neben der psychologischen Reaktion auf ein spezielles körperliches oder kognitives Defizit hypothetisch als ‚endogenen' Faktor eine asymmetrische Erschöpfung in den kortikalen biogenischen Amin-Bahnen, der die häufig festgestellte Beziehung zwischen der

Schwere der Depression und der Nähe zum frontalen Pol erklären soll.

Bemerkenswert erscheint des weiteren die Tatsache, daß die Störungen der Stimmung im Zeitraum von 6 Monaten bis 2 Jahre nach dem Schlaganfall signifikant anstiegen und, wenn sie unbehandelt blieben, in den meisten Fällen 8 – 9 Monate andauerten. Dies verweist auf einen reaktiven Zusammenhang. Prigatano (1986) berichtete, daß ein Patient während einer frühen Phase trotz großer kognitiver Konfusion relativ wenig emotionale Not (distress) erlitt, was sich in einer nachfolgenden Phase mit sozialen Frustrationen ändern kann.

In seiner Übersicht über emotionale Veränderungen nach präfrontaler Schädigung stellte Fuster (1980) als relativ konstantes und von kognitiven Störungen unabhängiges Symptom Apathie und als grundlegende Stimmung eine profunde Indifferenz, besonders hinsichtlich der Zukunft, heraus, im Gegensatz zu der in der Literatur überbetonten Euphorie.

Eine generalisierte emotionale Indifferenz und eine Verengung von Interessen hat auch Luria (1969) für einen Teil der Patienten angenommen, für einen anderen inadäquate Handlungen, Euphorie und Impulsivität. Als gemeinsame Merkmale hat er die Disintegration von komplexeren, höheren Formen von Emotionalität und eine Störung der kritischen Bewertung des eigenen Zustandes hervorgehoben.

Prosiegel (1988) hat aufgrund eigener klinischer Erfahrung bei psychischen Störungen nach frontalen Läsionen als Symptome einer affektiven Indifferenz Anosodiaphorie (unangemessene Bewertung der eigenen Krankheit) bzw. Anosognosie (fehlender Zugang zu Defiziten) und Gleichgültigkeit gegenüber sexuellen Verführungen angegeben, was gegen die häufig gestellte Diagnose der Hypersexualität nach frontalen Läsionen spricht.

Grafman et al. (1986) berichteten von einem erhöhten Angstniveau nach rechten orbitofrontalen Läsionen bei Patienten mit 15 Jahre alten Kriegsverletzungen, denen zahlreiche biologische und kognitive Einflüsse zugrundeliegen, ohne allerdings erhöhte Angstniveaus mit spezifischen kognitiven Defiziten verbinden zu können. Grafman (1989) kam in einer Übersicht zu dem Ergebnis, daß es noch schwierig ist, die verschiedenen Störungen der Emotion zu entflechten und daß theoretische Erklärungen vage bleiben.

In einer Einzelfallanalyse beschrieben Eslinger und Damasio (1985) motivationale Beeinträchtigungen einer Person mit orbitalen und mesialen Läsionen. Obwohl ihr Denken und Urteilen auf abstrak-

ter Ebene logisch war und die Untersucher sie als einfühlsam emp-
fanden, konnte sie die Prämissen eines Problems des wirklichen
Lebens weder analysieren noch integrieren. Nicht spontan zur Handlung motivierbar, schienen dem Patienten aber auch keine automa-
tischen, internen Handlungsprogramme zur Verfügung zu stehen, sondern er führte unangemessene Pläne aus, wobei die Initiierung von
Handlungen, zu denen er sich entschlossen hatte, sie durchzuführen,
keine Schwierigkeiten bereitete. Das Vergessen kurz- und mittelfri-
stiger Ziele konnte durch externe Repräsentation und Wiederholung
überwunden werden.

Als Fazit kann aus neuroanatomischer Sicht gezogen werden, daß
es große Schwierigkeiten bereitet, emotionale Störungen und Persönlichkeitsveränderungen, die ausschließlich oder überwiegend an frontale Schädigung gebunden sind, zu beschreiben, weil eine größere Anzahl von Regionen an Emotionen beteiligt ist. Aus psychologischer
Sicht sind Faktoren bedeutend, die emotionalen Veränderungen
zugrundeliegen, wie prämorbide Persönlichkeit, kognitive Defizite
und postmorbide Bedingungen, z. B. gegenwärtige soziale Bedingungen, die Rückzug bedingen. Daß prämorbide Persönlichkeitsdisposi-
tionen einen bedeutenden Einfluß auf die Ausprägung von Emotionalität haben, ist oft vermutet worden, aber empirisch nicht belegt
(Stuss & Benson 1984, 21).

Theoretische Modellversuche

Grafman et al. (1986) haben ein Modell aufgestellt, das Veränderungen der Stimmung in Abhängigkeit von zahlreichen kognitiven und
biologischen Einflüssen sieht. Stimmungen sind in den zwei sich
gegenseitig beeinflussenden Modi Wahrnehmung und Äußerung mit
dem orbitofrontalen Kortex verbunden. Das Subjekt muß die Wahrnehmung einer Stimmung von anderen Empfindungen unterscheiden.
Auf Wahrnehmung und Äußerung einer Stimmung wirken folgende
Faktoren: direkte oder über Aufmerksamkeits- und Aktivierungsprozesse vermittelte, indirekte kognitive Einflüsse; Gedächtnis- und
Umwelteinflüsse (temporaler Kortex als anatomisches Korrelat); Einflüsse durch Aufmerksamkeits- und Aktivierungsprozesse (septo-
hypothalamisch-limbisches System). In umgekehrter Richtung werden alle Einflußfaktoren durch Stimmungsveränderungen beeinflußt.

Stuss und Benson (1984) beschrieben ein von Blumer und Benson
aufgestelltes Schema mit zwei Persönlichkeitssyndromen, qualifizier-
ten es aber als unfertig (Stuss & Benson 1986): ein pseudodepressives

mit den Symptomen der Unfähigkeit, im voraus zu planen, Mangel an Antrieb, Apathie und völliger Gleichgültigkeit verbinden sie mit der dorso-lateralen Konvexität; ein pseudopsychopathisches mit sexuell enthemmtem Humor, Witzelsucht und Selbstsucht mit dem orbitalen Frontalhirn. Die Komplexität der Beziehung der Frontallappen zu emotionalem Verhalten läßt das Konzept einer „frontal lobe personality" heute inadäquat erscheinen (Stuss & Benson 1986, 138; Prigatano 1986, 29).

Als gesichert gilt, daß das limbische System eine bedeutende Rolle bei emotionalen Prozessen innehat. Le Doux (1986) warnt allerdings davor, das limbische System als einziges Zentrum für Emotion anzusehen. Der anteriore frontale Kortex kann nach Pribram (1981) wegen seiner besonders engen Beziehung als Assoziationskortex des limbischen Systems bezeichnet werden. Thompson (1988) ging davon aus, daß im Gegensatz zu posterioren Schädigungen, bei denen emotionale Veränderungen von zugrundeliegenden limbischen Läsionen oder vom Verlust anderer Funktionen herrühren, bei frontalen Läsionen direkte emotionale Veränderungen wie die Zu- oder Abnahme von Angst, Depression oder Euphorie eintreten. Hinsichtlich der Beziehung des präfrontalen Kortex zur Angst hat Gray (1987) ausgeführt, daß als effektive Behandlung von Angst, die in bedeutendem Maße durch absteigende neokortikale Projektionen zum septohippocampalen System (dazu gehören der Hippocampus, die Septumregion, die Verbindungen der beiden untereinander und die efferenten bzw. afferenten Leitungen zu anderen Gehirnarealen) kontrolliert wird, präfrontale und cinguläre Läsionen dienen können. Bei Schädigung des frontalen Kortex würde bei Ausschaltung der Angst Indifferenz auftreten.

Neuropsychologie der Emotionen und frontale Beteiligung in den Theorien Simonovs und Pribrams

Um die Funktionen des frontalen Kortex bei der emotionalen Regulation und Defizite bei Frontalhirnschädigung genauer zu fassen, eignen sich besonders die Theorien Simonovs (1982; 1986) und Pribrams (1981; 1987), weil sie die Neuropsychologie der Emotionen umfassend beschreiben.

Für Simonov (1986) sind die folgenden vier Strukturen für die Genese von emotionalen Zuständen und damit auch für die Organisation von zielgerichtetem Verhalten von besonderer Bedeutung:

Frontaler Kortex,
Hippocampus,
Amygdala und
Hypothalamus.

Der Anteil des frontalen Kortex ist noch nicht eindeutig zu bestimmen. Eine Annäherung an eine grundlegende genauere Spezifizierung bedeuten emotionstheoretische Feststellungen, die als entscheidendes Moment der Genese emotionaler Zustände das Phänomen der Nichtübereinstimmung bezeichnen: Die Emotionen stellen einen speziellen Apparat des Gehirns dar, „der die Stärke des Bedürfnisses und die Wahrscheinlichkeit seiner Befriedigung im gegebenen Moment widerspiegelt" (Simonov 1982, 89). Der Grad der emotionalen Anspannung ist von zwei Faktoren abhängig: von der Stärke des Bedürfnisses und der Differenz zwischen der für die Bedürfnisbefriedigung prognostisch als notwendig betrachteten und der verfügbaren Information, wobei Information in ihrer pragmatischen Bedeutung als „Wahrscheinlichkeitsänderung des Erreichens eines Zieles, nach dem Erhalten einer bestimmten Mitteilung" definiert wird (a. a. O.).

Eine negative Emotion entsteht bei einem Mangel an pragmatischer Information, ein positiver emotionaler Zustand, wenn die wirklich erhaltene Information die prognostizierte notwendige Informationsmenge übertrifft. Während traditionell positive emotionale Zustände als Ergebnis der Bedürfnisbefriedigung betrachtet werden, betont Simonov (1982) die Notwendigkeit des Vorhandenseins eines unbefriedigten Bedürfnisses und „eine Nichtübereinstimmung zwischen Prognose und aktueller Wirklichkeit" für das Entstehen positiver Emotionen.

Die Bewertung der Wahrscheinlichkeit, ein Ziel zu erreichen, ist nach Simonov (1986) eine bedeutende Funktion des Neokortex, besonders der frontalen Teile, wie er aus der Analyse emotionaler Veränderungen bei links- und rechtshemisphärischer Schädigung schließt.

Die frontalen Anteile sind verantwortlich für die Orientierung des Verhaltens auf Signale hochwahrscheinlicher Ereignisse unter Berücksichtigung der Signifikanz dieser Signale und ihrer Beziehung zum aktuell dominierenden Bedürfnis, während gleichzeitig Signale mit niedriger Bekräftigungswahrscheinlichkeit gehemmt werden.

Bezüglich der Lateralität der Emotionen stellte Simonov (1986) fest, daß das Ausdrücken von Emotionen in größerem Maße von der rechten Hemisphäre abhängt und eine vorherrschende Verbindung der linken Hemisphäre mit positiven respektive der rechten mit negativen Emotionen besteht.

Als Begründung führte er die Erklärung Zenkos an, daß bei Ausschaltung der linken Hemisphäre Ängstlichkeit, Unwohlsein und emotional Negatives entsteht, weil eine Situation nicht verbalisiert und verstanden werden kann, während positive Emotionen bei Ausschaltung der rechten Hemisphäre durch eine Vereinfachung der Situation bedingt sind, weil die Bereiche der Bedürfnisse und Motive vereinheitlicht und damit Anforderungen des Subjekts an die Umwelt simplifiziert sind.

Klinische Beobachtungen ergaben, daß linkshemisphärisch Geschädigte mit ihrem Zustand befaßt und über ihn besorgt sind, während rechtshemisphärisch Geschädigte unbesorgt und leichtfertig sind (Nicht-ernst-Nehmen), eine Dissoziation, die besonders bei unilateraler Schädigung der Frontallappen zum Ausdruck kommt. Bei rechtsfrontal-medialer Schädigung ist die emotionale Komponente bei der Wahrnehmung des eigenen Zustandes gestört und unangemessene positive Emotionen entwickeln sich, eine linksfrontale Schädigung zieht eine Unterbrechung (disruption) des Denkens nach sich bei erhaltener Fähigkeit, den eigenen Zustand zu evaluieren.

Die rechte Hemisphäre und besonders die frontalen Teile sind mit der Bedürfnis-Motivations-Sphäre verbunden, welche im Prozeß der Zielbildung eine Auslösefunktion innehat. Sie generiert Ziele, während die linke mehr mit der Konkretisierung und der Spezifizierung von Mitteln, um die Ziele zu erreichen, verbunden ist. Eine Person ohne linke Hemisphäre bewahrt Ziele, aber bleibt ohne Mittel, was zu einer geringen Wahrscheinlichkeit, die Ziele zu erreichen und zur Entwicklung von negativen Emotionen und Depression führt, wohingegen eine Person ohne rechte Hemisphäre vollständige Mittel hat, die klar über die beschränkten und simplifizierten Ziele hinausgehen. Das Resultat ist ein Überschuß an positiver Emotion, Euphorie, ein Gefühl von eingebildetem „well-being“.

Die frontalen Teile beider Hemisphären haben Anteil an der Evaluation der Wahrscheinlichkeit, ein Ziel zu erreichen: Die linkshemisphärische Vorhersage betrifft Sprache und Bewußtheit, die rechtshemisphärische findet auf einer intuitiven, unterbewußten Ebene statt und wird zuerst gefühlt in Form einer emotionalen Reaktion auf das Resultat der Vorhersage.

Pribram (1987) versucht frontale Anteile bei der emotionalen Steuerung zu klären und die Beiträge von frontalen Subdivisionen zu differenzieren.

Im folgenden fließen grundlegende Überlegungen Pribrams (1981) zur Neuropsychologie der Emotionen ein. Die Ausführungen sind entlang verschiedener Dimensionen konzipiert.

Emotionen sind ein Indikator für eine aus dem Gleichgewicht gebrachte stabile biologische Ordnung. Veränderungen der Stabilität oder Labilität benötigen einen Auslöser. Der auslösende Reiz kann von innen oder von außen kommen. Eine Charakterisierung der Reize ist anhand der Dimension protokritisch versus epikritisch möglich.

Unter protokritischer Dimension der Erfahrung versteht Pribram Interozeption, Schmerz und Temperatur, die quantitativ wahrgenommen werden, d. h. zwischen Neuheit und Schmerz zu unterscheiden, ist nur anhand der Intensität möglich. Protokritische Prozesse sind homöostatisch und determinieren neurale Zustände.

Die epikritische Sinneserfahrung erlaubt eine qualitative Bestimmung, Temperatur und Schmerz können lokalisiert werden und sind in ihrer Dauer begrenzt.

Bezogen auf Emotion und Motivation setzt nach Pribram (1987) der anteriore frontale Kortex im Feedback-Modus protokritische zu epikritischen Prozessen in Bezug.

Pribram macht auf die wichtige Unterscheidung von Emotion und Motivation aufmerksam (affektive versus effektive Dimension), die beide Gefühle generieren können. Gefühle sind so Emotion wie auch Motivation als Subkategorie untergeordnet. Emotionen beziehen sich auf einen ‚Stop-Mechanismus' [ventromedialer Teil des Hypothalamus], der laufendes Verhalten unterbricht oder deuten an, daß nur eine interne Verarbeitung stattfindet, während motivationale Prozesse, die durch die Basalganglien organisiert werden, die Bereitschaft zur Aktivität oder zur Weiterführung kennzeichnen (Go-Mechanismus) [lateraler Teil des Hypothalamus].

Der kortikale Beitrag zur Emotion läßt die neue Dimension ethisch versus ästhetisch entstehen, indem die affektiv-effektive auf die protokritisch-epikritische Dimension bezogen wird. Die Verarbeitung der protokritischen Dimension findet anterior frontal statt, die Identifikation des Gefühls, bezogen auf einen qualitativen Kontext (z. B. räumlich oder zeitlich), an der posterioren Konvexität (vorn-hinten Unterscheidung), und so konstituiert sich der Unterschied zwischen episodenspezifischer, kontextsensitiver und automatischer, kontextfreier Informationsverarbeitung. Der kortikale Beitrag zur effektiv-affektiven Dimension ist lateralisiert, der affektive Anteil bezieht sich auf die rechte Hemisphäre, der effektive auf die linke. Die neue Dimension basiert auf der Unterscheidung zwischen der Verarbeitung von

„externalem Raum" und des Körperselbstbildes (body image) oder Selbst (self); der perifissurale Kortex bezieht sich auf den externalen Raum und die ästhetische Dimension, der restliche Kortex auf das Selbst und die ethische Dimension. Als hauptsächlicher Ursprung eines Selbstbildes erwies sich nicht der anteriore frontale Kortex, sondern der inferiore parietale, denn aus Läsionen des frontalen Pols resultieren nicht Neglect, sondern Kontrollverluste bei kontextsensitivem Verhalten: Die Patienten reden über sich selbst in einer ausgeprägten Weise. Die Konstruktion des Selbstkonzepts, auf dem die Dimension ethisch-ästhetisch beruht, wird also durch parietales kortikales Funktionieren vergrößert, durch frontales selektiv gehemmt (kontextsensitiv gemacht).

Die extrinsischen und intrinsischen Teile sind frontal wie posterior in unterschiedlicher Weise mit extrazerebralen Strukturen verbunden, bilden ein sich selbst regulierendes System, bei dem der frontale intrinsische Kortex die protokritische Erfahrung von Neuheit, Interesse und Schmerz und die kontrollierte, episodische Verarbeitung (processing) realisiert.

Die periarcuaten (Der ‚arcuate sulcus' liegt bei Rhesusaffen lateral im oberen Teil des prämotorischen Areals.) und ventrolateralen Teile des anterioren frontalen Kortex bewerten die eigenen Gefühle im Hinblick auf das, was man tun will. Diese Bewertungsfunktion versteht Pribram (1987) als innerliches Wiederholen, bei dem das Gefühl weiterentwickelt wird, um besser im Einklang mit gegenwärtigem sensorischen Input und mit Konsequenzen von Handlungen zu stehen. Durch den orbitalen Beitrag, der auf der Verarbeitung interozeptiver und exterozeptiver Inputs basiert, werden Gefühle von Vertrautheit erleichtert.

Zusammenfassung

Eine Reihe von Faktoren scheinen bei Persönlichkeitsveränderungen, von denen nach Frontalhirnschädigung berichtet wird, beteiligt. Häufiger war die Läsion nicht auf kortikale Areale begrenzt. Interessant ist das Ergebnis der tierexperimentellen Forschung, daß nach Schädigung sich prämorbides Verhalten nicht drastisch verändert, sondern akzentuiert wird.

Das Konzept einer ‚frontal-lobe Personality' wirkt unadäquat. Persönlichkeitsveränderungen nach Läsionen scheinen subtiler zu sein. Die Beiträge einzelner frontaler Subdivisionen ist noch nicht geklärt. Wesentliche Theorien zur Neuropsychologie der Emotionen bieten Simonov und Pribram.

3.5 Sprache

Der frontale Kortex scheint eine bedeutende Rolle bei sprachlichen Funktionen zu spielen, an denen besonders das Brocasche Areal (inklusive umgrenzender Bereich) und das supplementäre motorische Feld (SMA) beteiligt sind.

Frontale (anteriore) Sprachfunktionen sind klinisch an erworbenen, zentralen Sprachstörungen (Aphasien), die beim Sprechen und Verstehen, beim Schreiben (Agraphie) und Lesen (Alexie) auftreten, erforscht worden. Agraphien, verstanden als Störungen der Fähigkeit, in syntaktisch richtiger Weise (Syntax meint die Lehre von den Beziehungen sprachlicher Zeichen im Satz) seine Gedanken schriftlich niederzulegen, sind in zwei Formen unterteilt worden:

a) in linguistische Agraphien als unmittelbare Folge einer Aphasie und

b) in Agraphien, die unabhängig von Aphasien auftreten (Leischner 1987).

Entsprechend dieser Logik sind Störungen des Lesens in bezug auf Aphasien in sekundäre und primäre Alexien unterteilt worden. In diesem Kapitel beschränke ich mich auf die Aphasien.

Unterschiedlich viele Aphasieformen wurden aufgrund unterschiedlicher Klassifikationen mit Frontalhirnfunktionen in Verbindung gebracht. Eine breite Übersicht über Aphasie-Klassifikationen bietet Leischner (1987).

Die Aphasie-Konzeption von Poeck

Die im deutschsprachigen Raum gebräuchlichste Aphasie-Einteilung ist die von Poeck (1992). Mit dem Aachener-Aphasie-Test (AAT) wurde ein standardisiertes Diagnose-Instrument geschaffen, welches Aussagen über die Frage trifft, ob eine Aphasie vorliegt. Desweiteren wird die Zuordnung zu einer der vier möglichen Formen vorgenommen: Broca-Aphasie, Wernicke-Aphasie, globale Aphasie und amnestische Aphasie. In dieser ätiologietheoretischen Einteilung (sie gilt für Gefäßsyndrome) aphasischer Standardsyndrome haben Huber, Poeck & Weniger (1989) nur die Broca-Aphasie, für die als Synonym die Bezeichnung motorische Aphasie nach Goldstein angeführt wird, als eindeutig frontal lokalisierbar (dorsal von der Brocaschen Region, meist auf die Insel übergreifend) angegeben. Bei der globalen Aphasie soll nach Verschlüssen des Hauptstammes der Arteria cerebri media die gesamte Sprachregion von ihren temporo-parietalen bis frontalen Anteilen betroffen sein. Als sprachliche Leitsymptome bei der Broca-Aphasie wurden ein oft erheblich verlangsamter Sprachfluß mit Agrammatismus und viele phonematische Paraphasien (Wörter werden lautlich verändert, indem einzelne Laute ersetzt, hinzugefügt, ausgelassen oder umgestellt werden) bei mäßig beeinträchtigtem Sprachverständnis herausgestellt.

Die Aphasie-Klassifikation nach Luria

Mit dem anterioren Kortex hat Luria (1970; 1982) in seiner Aphasie-Klassifikation drei (efferente) Formen unterschieden:

1. die efferent-motorische Aphasie,
2. einen „Telegramm-Stil", für den Jantzen (1990, 128) den Begriff „syntaktische Aphasie" prägte, und
3. die dynamische Aphasie.

Bei der efferent-motorischen Aphasie, für die Luria (1982, 325) als Synonym „Brocasche Aphasie" und „kinetische motorische Aphasie" (Luria 1970, 252) anführte, gelingt nach der Artikulation eines Lautes infolge von Trägheit der Übergang zum nächsten Laut nicht mit der erforderlichen Leichtigkeit. Das Aussprechen ganzer Wörter ist nicht möglich, z. B. kann nach Aussprache des Lautes „b" nicht auf den Laut „k" umgeschaltet werden und die Folge „bi-ba-bo" wird als „bo-bo-bo" wiederholt. Bei dieser Form von Sprachstörung sind elementare Formen des exekutiven Teils des Sprechaktes zerfallen. Im Rückentwicklungsprozeß kommt es zum Stadium des „Telegrammstils", in dem zwar einzelne Wörter ausgesprochen werden können, aber Probleme der Vereinigung von Wörtern zu ganzen Sätzen bestehen bleiben. Als Hauptstörung nimmt Luria (1982) eine Störung der prädikativen Funktion der inneren Sprache an, wodurch eine entwickelte syntagmatische Äußerung unmöglich wird.

Als letzte Stufe der Remission der efferent-motorischen Aphasie oder auch als selbständige Form tritt die dynamische Aphasie bei Schädigung der dominanten Hemisphäre frontal der Brocaschen Zone auf (Luria 1970). Während Artikulation, Nachsprechen und Benennen mühelos gelingen, fallen bei genauerer Betrachtung, besonders ausgeprägt beim selbständigen Sprechen, erhebliche Schwierigkeiten auf, ein lineares Satzschema aufzubauen (Luria 1970; 1982).

Aphasietheorie in mikrogenetischer Sicht nach Brown

Brown (1985) beschrieb frontale Aphasien mit dem Grundgedanken, daß bei Sprachstörungen Teile komplexer funktioneller Systeme unterbrochen sind. In einem geschädigten Hirnareal wird ein normaler Mechanismus verändert bzw. der Informationsfluß zu einem anderen Areal unterbrochen. Folglich sind für ihn bei klinischen Syndromen verschiedene Verarbeitungsstufen bei der Entwicklung einer sprachlichen Äußerung gestört.

Für den anterioren Kortex hat Brown (1988) in einem hierarchischen System vier Syndrome beschrieben: Den akinetischen Mutismus, die transkortikale motorische Aphasie, den Agrammatismus und die Brocasche Aphasie.

Auf der grundlegendsten Ebene, der Ebene des bilateralen limbischen Kortex, kommt es bei bilateralen Läsionen des anterioren gyrus cingulus zu einem Zustand von Mutismus (akinetischer Mutismus), von motorischer Akinese, zu einem Mangel an affektiven Antworten und zu Apathie. Sprachlich zeigt sich der Verlust der spontanen, stimmhaften Aussprache mit Nachsprechen von kurzen Einheiten und gelegentlichen kurzen emotionalen Antworten. Zur Entwicklung dieses Syndroms ist eine bilaterale Schädigung Voraussetzung, die relativ selten auftritt.

Das Syndrom auf der nächst höheren Stufe, dem limbischen oder dem generalisierten Neokortex als kortikaler Ebene, ist die *transkortikale motorische Aphasie (TMC)*, die Brown der dynamischen Aphasie Lurias als vergleichbar bezeichnete. Bei der TMC hob er neben dem Mangel an spontanem Sprechen eine häufig generelle Trägheit des Verhaltens hervor und wertete dies als Zeichen der Nähe zum akinetischen Mutismus. Die Fähigkeit des Nachsprechens ist gut erhalten, Benennen und lautes Lesen sind manchmal auch möglich. Als Syndromursache beschrieb Brown eine partielle Schädigung des linken Brocaschen Areals oder nach Okklusion der Arteria cerebri anterior Läsionen des anterioren Gyrus cingulus (Brodmann-Areal 24), des supplementären motorischen Areals sowie angrenzender Strukturen auf der medialen Oberfläche des Frontallappens.

Den Übergang von der transkortikalen motorischen Aphasie zur nächsthöheren Stufe, dem *Agrammatismus* auf der Ebene des generalisierten oder focalen Neokortex, zeigen gute Leistungen im Benennen an. Auf dieser Ebene, auf der sich normalsprachlich die syntaktische Realisierung vollzieht, mißlingt bei relativ gutem Gebrauch von Substantiven und Nomen die Anwendung grammatisch richtiger

Wörter und kleiner Funktionswörter (1977). Als weitere Erklärung schlug Brown (1988) eine Störung in der Herleitung einer rhythmischen Serie, der kinetischen Melodie der Äußerung, auf einer bestimmten Ebene vor. Agrammatismus ist, wie auch die Anomie (aphasische Wortfindungsstörung, die besonders Nomen betrifft), nicht genau lokalisiert, nämlich in einer peripheren oder partiellen Läsion des Brocaschen Areals, was bedeutet, daß sowohl eine frontale Anomie wie auch ein posteriorer Agrammatismus möglich sind.

Bei der Störung durch eine *Broca-Aphasie*, deren Lokalisation Brown (1988) mit der postero-inferioren dritten frontalen Convolution (F 3) angibt, bestehen bei ansonsten gutgeformten Äußerungen phonematisch-artikulatorische Störungen.

Aphasietheorie nach Ellis und Young

Aus Sicht der kognitiven Neuropsychologie ist zum Konzept der Brocaschen Aphasie und des Agrammatismus Stellung bezogen worden (Ellis & Young 1989). Es wurde mit der Begründung als unhaltbar zurückgewiesen, daß verschiedene Symptome ohne ein einheitliches zugrundeliegendes funktionales Defizit zu einem Syndrom verquickt worden waren. Die Symptome wurden verschiedenen eigenständigen Funktionen zugerechnet, deren erfolgreiche Durchführung auf angrenzenden Regionen des cerebralen Kortex beruhen. (Die Lokalisation wird nicht weiter ausgewiesen). Die folgenden verschiedenen Sprachbeeinträchtigungen wurden unterschieden (Ellis & Young 1989):

Beim Sprechen 1. eine morphologische Beeinträchtigung beim Gebrauch von Funktionswörtern und Flexionsformen; 2. ein syntaktisches Problem, was in der Unfähigkeit bestand, in einem Satz die um das Verb gruppierten Substantive korrekt zu ordnen; 3. beim Sprachverständnis war der Gebrauch von Information über die Satzstruktur betroffen. Eine vierte Dissoziation betraf unterschiedlich gelagerte Probleme bezüglich der Funktions- und Flexionswörter.

Das frontale Sprachzentrum: Das Brocasche Areal

Bezüglich der Verortung und Bedeutung eines frontalen Sprachzentrums hat es in der Geschichte der Aphasiologie Kontroversen gegeben. Broca hatte 1861 den posterioren inferioren Teil des frontalen Kortex für die motorische (expressive) Aphasie (oder Aphemie) verantwortlich gemacht, die von anderen Autoren später „Brocas Aphasie" genannt wurde (Pribram 1971). Pribram bezeichnete diese Lokalisation als zufällig, denn bei Lobotomien nach völliger Zerstörung bzw. teilweiser Verletzung dieses Areals konnte keine Aphasie festgestellt werden, was Pribram zu der Überzeugung brachte, daß eine intakte dritte frontale Konvolution für normales Sprechen nicht notwendig ist, aber das Sprechen unterbrechen kann.

Zur Brocaschen Zone stellte Brown (1988) fest, daß diese sich aus dem generalisierten Isokortex heraus entwickelt (phylogenetisch entwickelt hat und ontogenetisch reift), was den Grad der individuellen Lateralisierung bestimmt. Das Ergebnis ist, daß eine hierarchische Struktur aufgebaut ist, die den Prozeß der Sprachformulierung unterstützt oder vermittelt. In diesem Sinn verstand Brown Brocas Areal als Repräsentation einer Phase in der dynamischen Schichtung und nicht als Sprachzentrum. Brunner et al. (1982) kamen zu dem Ergebnis, daß nach Verletzungen des Brocaschen Areals nur vorübergehende Sprachstörungen auftreten.

Stuss und Benson (1986) bemerkten, daß bei fast allen Sprachstörungen eine Ausdehnung in subkortikale Areale und in die weiße Substanz vorliegt, die für aphasische Syndrome erforderlich sein könnte. Mit dem frontalen Kortex verbanden sie zwei Organisationszonen für das Sprechen: die Kontrolle des aktuellen motorisch-artikulatorischen Programms durch den unteren motorischen Streifen (Areal 4) und Feld 44 (incl. Umgebung), welches wichtig erschien für einen flüssigen Übergang von einer Artikulation zur anderen.

Die Bedeutung des supplementären motorischen Areals

Eccles (1975) hatte das supplementäre motorische Areal (SMA) dem vorderen und hinteren Sprachzentrum als oberes Sprachgebiet zugeordnet. Anhand einer Falldarstellung zogen Jürgens & Cramon (1982) den Schluß, daß es mit Hilfe von Hirnläsionen seinerzeit nicht möglich war, unterschiedliche Rollen des anterioren Gyrus cingulus und der SMA bei der Sprechkontrolle zu unterscheiden. Jürgens (1985) vermutete eine Beteiligung an der willentlichen Initiierung von Sprachäußerungen. Nach Brown (1985) kommt es bei Schädigung der linken SMA zu einem anfänglichen Mutismus, der sich zu einer TMC verändert, nach Masden (1980) zu aphasischen Symptomen, die sich klar von denen nach Schädigung des perisylvanischen Sprachareals unterscheiden. Daß eine echte Aphasie oder Apraxie auftritt, ist bestritten (Damasio & van Hoesen 1980) und die motorische Funktion der SMA im Gegensatz zu einer Funktion als integrierendes System für Sprache wie die anderen klassischen Sprachzentren betont worden (Chauvel, Bancaud & Buser 1985). Eccles (1982) hat die Bedeutung der SMA bei der Initiierung aller willentlichen Bewegungen hervorgehoben und gefolgert, daß jede mentale Intention auf die SMA wirkt. Kornhuber (1985) hat die Funktion der SMA bei zielgerichteten Bewegungen mit dem Startzeitpunkt („When to start") in Verbindung gesetzt. Freedman et al. (1984) kommen zu dem Ergebnis, daß es durch keine Läsionen, die auf die SMA begrenzt sind, zu einer reinen Sprech-Initiierung kommt.

Ausblick

Fuster (1980) sah als Gemeinsames bei den verschiedenen Sprachstörungen nach Frontalhirnschädigung syntagmatische Beeinträchtigungen, die bei beeinträchtigtem Brocaschen Areal geringer waren und weiter anterior präfrontal graduell anstiegen und komplizierte Strukturen von Sprache betrafen. Während also grundlegende syntagmatische Funktionen in einem relativ begrenzten linkshemisphärischen Areal zu verorten sind, befinden sich im Kortex weiter vorn die komplexeren Konstruktionen von Sprache, die weniger lokalisiert und lateralisiert sind.

Die Bedeutung der inneren Sprache bei der Regulation des Verhaltens ist von Luria (1973; 1982) betont worden. In ihrer Funktion ist sie verkürzt und rein prädikativ und spielt eine planende und steuernde Rolle. Bei frontalen Läsionen ist die innere Sprache gestört, bei prämotorischen im Gegensatz zu präfrontalen Läsionen ebenfalls die prädikative Seite der äußeren Sprache. Fuster (1980) bemerkte, daß dieses Konzept schwer zu evaluieren ist.

Als Fazit kann gezogen werden, daß der frontale Kortex eine bedeutende Rolle bei sprachlichen Funktionen spielt, an denen besonders das Brocasche Areal (inklusive umgrenzender Bereich) und das supplementäre motorische Feld (SMA) beteiligt sind.

Bei frontalen Läsionen kann nicht nur die Sprachproduktion sondern auch das Sprachverständnis betroffen sein. Unterschiede in Theorien der Organisation gesamtzerebraler Prozesse und in der methodologischen Ausrichtung lassen divergente Forschungsbefunde entstehen.

3.6 Gedächtnisfunktionen

In ihrer Übersicht über Gedächtnisprozesse kamen Stuss und Benson (1986) zu dem Ergebnis, daß bei der weitaus überwiegenden Anzahl von klinischen Studien, die eine große Anzahl verschiedener Gedächtnistests benutzten, bei Patienten mit Frontalhirnschädigung unterschiedlichster Ätiologie gegenüber normalen Kontrollpersonen keine signifikante Minderleistung in fast allen sensorischen Modalitäten festzustellen war.

Dieses Resultat legt den Schluß nahe, daß es nach Frontalhirnläsionen nicht zu ‚Gedächtnisverlusten' im Sinne eines amnestischen Syndroms kommt, sondern daß die Beeinträchtigungen weitaus spezifischer sind. Diese Spezifik und die Rolle der Frontalhirnfunktionen bei der Gedächtnisorganisation beschreibe ich im weiteren anhand von zwei unterschiedlichen Forschungstraditionen. Im Rahmen der tierexperimentellen Forschung beziehe ich mich auf die Theorie von Pribram, im Rahmen der qualitativ klinischen Tradition auf die Arbeit Lurias.

Ergebnisse der tierexperimentellen Forschungstradition und die Theorie Pribrams

In der tierexperimentellen Forschung ist seit Jacobsen (1936) als Paradigma für Frontalhirnfunktionen die Durchführung von Aufgaben der „delayed response" (Antwortverzögerung) und der „delayed alternation" (verzögerter Wechsel) anerkannt. Bei diesen Aufgaben (die experimentelle Diagnostik ist genau beschrieben bei Pribram 1987) ist der Verzögerungsaspekt entscheidend: Die Zeit zwischen Stimulus und geforderter Antwort muß im Gegensatz zu Aufgaben, bei denen notwendige Anhaltspunkte zur Zeit der Antwort dem ‚Subjekt' in seiner Umgebung verfügbar sind, überbrückt werden. Das Defizit, das Primaten mit gesetzten Frontallappenläsionen in diesen Aufgaben zeigten, wurde von Jacobsen (1936) als Störung des Kurzzeitgedächtisses, eine Störung des Rückrufs aus dem Gedächtnis, interpretiert.

Schon sehr früh in der weiteren Arbeit mit diesem Paradigma in der tierexperimentellen Forschung wurde von Malmo (1942) und Finan (1942) gezeigt, daß Ablenkbarkeit für das Defizit entscheidender war als ein (schnellerer) Verfall von Gedächtnisspuren. In weiteren Arbeiten sind die Defizite im Zusammenhang mit Aufmerksamkeitsprozessen interpretiert worden (Stuss & Benson 1986).

Pribram (1971, 1973, 1976), Pribram & Tubbs (1967) und Pribram et al. (1964) haben unter Einbeziehung weiterer Tierexperimente eine Theorie entwickelt, die die spezifische Rolle des Frontalhirns bei Gedächtnisfunktionen beschreibt. Bei drei Formen kontextbezogener Amnesien spielt das frontolimbische Vorderhirn eine bedeutende Rolle.

Die verschiedenen Läsionen beziehen sich auf unterschiedliche Läsionsorte:

den Hippocampus,
die Amygdala und den
präfrontalen Kortex.

Hippokampusläsionen stören einen Bewertungsmechanismus, durch den eine Einstellung gewonnen wird. Schädigungen des Mandelkernkomplexes (Amygdala) erzeugen einen „Angstverlust", der unmittelbar einer mnestischen Störung zuzuschreiben ist, und zwar einer Störung bei der „Registrierung" des schädlichen Ereignisses und seiner Einordnung in einen Kontext, so daß sein Wiederauftreten bei manchen Gelegenheiten als „neu" empfunden wird. Bei Schädigung des präfrontalen (eugranulären) Kortex sind nicht nur die gleichen mnestischen Störungen bedeutend (das Verhalten der Affen ist verhältnismäßig zufällig und scheint durch seine Konsequenzen nur minimal gesteuert zu sein), wenn auch in geringerer Ausprägung wie bei den beschriebenen limbischen Verletzungen, sondern eine weitere kontextbezogene Dimension ist betroffen, nämlich die Bereitstellung und Erhaltung einer zeitlichen Organisation von Ereignissen im Gehirn, in der es möglich ist, durch Gruppierung und chunking Kodierungen und Programmierungen vorzunehmen (Pribram 1971). Pribram (1976) schränkt ein, was unter zeitlicher Organisation zu verstehen ist: Nicht beeinträchtigt durch frontolimbische Läsionen werden Fähigkeiten und Melodiendiskriminationen. Das Retrieval lange gespeicherter Gedächtnisinhalte ist wenig beeinflußt und nur dann beeinträchtigt, wenn das Entnehmen eines Hinweises oder eines Ergebnisses gefordert ist, wenn dieser Hinweis oder dieses Ergebnis in der Vergangenheit bei der Regelmäßigkeit seiner Rekurrenz eine gewisse Kompliziertheit aufwies. Das gegenwärtige Ereignis muß also in den Kontext früherer Geschehnisse eingefügt werden, von denen sich nur einige unmittelbar auf die gegenwärtige Situation beziehen.

Um diese Prozesse zu verstehen, ist es wichtig zu wissen, wie das Gehirn seinen Eingang steuert. Die Redundanz in den Eingangskanälen (in den primären Projektionssystemen) wird durch die Wirkung von Efferenzen aus den sensorischen posterioren Systemen verringert und durch Efferenzen aus den frontolimbischen Systemen verstärkt. Die vergrößerte Redundanz läßt den Kanal kontinuierlich und einheitlich operieren. Auf diese Weise verringert sich die Möglichkeit der Interferenz zwischen aufeinanderfolgenden Inputs (Pribram 1973).

Bei einer Frontalhirnschädigung ist die Orientierungskomponente des Orientierungsreflexes gestört und der Organismus versagt nicht nur darin, Ereignisse ins Gedächtnis zurückzurufen, sondern ist vielmehr der retroaktiven und proaktiven Interferenz unter eng nebeneinanderstehenden Ereignissen unterworfen, wobei besonders solche Prozesse betroffen sind, in denen die Kodierung von Störungen von Zuständen bedeutend ist (Pribram 1971).

Frontalhirngeschädigte Menschen und Primaten zeigen diese Empfindlichkeit für Interferenz in ihren KZG-Prozessen (Pribram 1973) weit deutlicher bei kontextabhängigen Entscheidungen als bei gutetablierten kontextfreien Operationen.

Weil das Kurzzeitgedächtnis des sich verhaltenden Subjekts einen Kontext etabliert, der sich auf frühere Geschehnisse bezieht und nicht auf Ereignisse in der Umwelt, ist geeignetes Verhalten möglich. Bei frontaler Zerstörung wird ein Kontext etabliert, aber der Organismus scheint nicht zu wissen, wie er zu gebrauchen ist (Pribram 1971).

Ergebnisse klinischer Studien

In klinischen Fallstudien und Beschreibungen wurde versucht, Gedächtnisdefizite in Verbindung mit Frontalhirnschädigung zu beschreiben.

Hécaen und Albert (1978) beschreiben ein „Vergessen, sich zu erinnern" und geben dafür ein Beispiel: Jemand verläßt sein Haus mit der Intention, eine bestimmte Handlung durchzuführen, wird unterbrochen und erinnert sich an die Handlung, die durchgeführt werden sollte erst, als er wieder nach Hause zurückgekehrt ist (an den Ort seines Planes). Diesen normalen Lapsus schreiben die Autoren einer Veränderung der selektiven Aufmerksamkeit zu. Bei pathologischen Aufmerksamkeitsdefekten ist dieses Vergessen nach Auffassung der Autoren verbunden mit frontaler oder subkortikaler Pathologie. Die hierbei entscheidende Frage ist die, ob das Vergessen der Handlung bemerkt wird und ob die Handlung wieder aufgenommen und zu Ende geführt wird. Das Beispiel weist auf eine beeinträchtigte übergeordnete frontale Funktion hin, die mit Shallice (1982) als „Supervisory Attentional System" bezeichnet werden kann (siehe Kap. 4).

Stuss und Benson (1986) geben ein weiteres klinisches Beispiel, das sich allerdings vom oben angeführten dadurch unterscheidet, daß nicht ersichtlich ein eigener Plan aufgestellt wird: Ein Patient konnte die Frage, was der Vatikan ist, nicht beantworten. Erst später im Gespräch über Religion sagte der Patient, daß er Katholik ist und daß der Papst als Oberhaupt der Kirche im Vatikan residiert. Es war ihm also erst möglich, über das Stichwort „Religion" die anfangs gestellte Frage zu beantworten.

In ihrer Beschreibung des klinischen Falles J. P. von entweder angeborenem oder seit früher Kindheit bestehendem bilateralen Frontalhirndefekt bemerkten Ackerly und Benton (1948/1966), daß der Patient zuvor keine Gedächtnisschwierigkeiten aufwies, sein Gedächtnis für neue und vergangene Ereignisse aber immer kapriziös war (Ackerly 1964). Seine recent memory (neue Gedächtnisinhalte) hätte sich in den späteren Jahren merklich verschlechtert.

Milner (Diskussion zu Ackerly 1964) hatte den Patienten mit vielen Gedächtnistests untersucht und gravierende Defizite gefunden, die sie veranlaßte, eine weitere Pathologie anzunehmen. Das Problem, daß Gedächtnisstörungen frontaler Pathologie zugeschrieben werden, aber eine andere Ursache haben, wird besonders bei Gedächtnisbeeinträchtigungen nach Bruch oder chirurgischer Korrektur der Erweiterung der Arteria communicans anterior diskutiert (Stuss & Benson 1986), denn diese Arterie versorgt nicht nur frontal-corticale, sondern auch tiefe subkortikale Strukturen und reicht bis in zentrale und postzentrale Regionen (Teuber 1964).

Luria (1976) trennte unilaterale, örtlich beschränkte von großen bilateralen präfrontalen Läsionen und sagte hierzu, daß die psychopathologischen Symptome der ersteren schwer zu ermitteln sind.

Bei massiven Frontalhirnzerstörungen ist die komplexe mnestische Aktivität als ganze, der Prozeß des Rückrufs und der Reproduktion, im Gegensatz zur Operationsebene, die intakt bleibt, gestört: erstens ist die Fähigkeit beeinträchtigt, stabile Motive zu schaffen und die Beibehaltung des für den willentlichen Rückruf erforderlichen aktiven Bemühens, was bei einer mnestischen Aufgabe darin besteht, aktiv nach Methoden zur erfolgreichen Durchführung zu suchen und Resultate mit der ursprünglichen Intention zu vergleichen (Luria 1973).

Zweitens ist die Fähigkeit betroffen, von einer Gruppe mnestischer Spuren auf eine andere überzuwechseln. Diese Störungen durch Inter-

ferenz, eine Störung der Selektivität, tritt bei jeder Gehirnläsion loka-
lisationsunabhängig auf; bei massiven Frontalhirnschädigungen
besteht der besondere Charakter darin, die neuere Spur zu reprodu-
zieren.

Wenn neben den lateralen Zonen des präfrontalen Cortex auch
mediale Areale betroffen sind, kommt es neben den oben beschriebenen Besonderheiten der mnestischen Prozesse wegen des abge-
schwächten kortikalen Tonus zu primären (nicht-spezifischen)
Störungen des Gedächtnisses, die von speziellen Defekten der gno-
stischen (analytischen und synthetischen) Aktivität strikt getrennt
werden müssen und sich im Verlust der Selektivität mnestischer Prozesse mit Konfabulationen und schweren Störungen der Orientierung
in Raum und Zeit äußern können.

Störungen der aktiven mnestischen Tätigkeit prüfte Luria beim
Lernen von Wortlisten, wobei sich zeigte, daß kein aktiver Versuch
unternommen wurde zu memorieren, sondern passiv wiederholt
wurde und sich deshalb auch nach mehreren Durchgängen die
Reproduktionsleistung nicht erhöhte. Bei zwei Wortlisten (oder
zwei Sätzen) wurde anstatt der geforderten ersten die zweite wiederholt, oder es wurden Wörter aus beiden Listen vermischt reproduziert.

Die Störung der Selektivität prüfte Luria (1969) anhand einer
Reproduktion komplexerer bedeutungsvoller Textpassagen (z. B.
einer Kurzgeschichte), wobei deutlich wurde, daß Patienten die
Bedeutung der Passage nicht identifizieren und das Gelesene nicht
von zufälligen Assoziationen unterscheiden konnten, die durch die
Geschichte hervorgerufen wurden. Dadurch reproduzierten sie
eine Fülle von irrelevanten Spuren, wobei die Grenze zwischen
der Geschichte und den irrelevanten Assoziationen ausgelöscht
war.

Zusammenfassend kann festgestellt werden, daß Luria wie auch
Pribram der Meinung ist, daß nach Frontalhirnschädigung keine
primären Gedächtnisstörungen folgen. Während Pribram Kodierungsstörungen betonte, hob Luria (1976) als Ursache einer frontal-
hirnspezifischen Gedächtnisstörung die Desintegration der zielgerichteten mnestischen Aktivität hervor, die eher den Rückruf unselektiv
macht, als daß sie als ein Defekt des Einprägens ins Gedächtnis verstanden werden kann.

3.7 Aufmerksamkeit

Störungen nach Frontalhirnschädigung wurden unter dem Gesichtspunkt der Sensitivität für Interferenz vor allem Aufmerksamkeitsdefiziten zugeschrieben. Wie sehen Veränderungen der Aufmerksamkeit aus, bzw. welchen Einfluß haben die Frontallappen auf Aufmerksamkeitsprozesse?

Stuss und Benson (1986) untersuchten verschiedene neuropsychologische Testverfahren (u.a. Serial Seven, Zifferspanne, Zahlen-Symbol-Test der WAIS, Trail Making Test [Zahlenverbindungstest], Stroop-Test) auf ihren Zusammenhang mit Frontalhirnschädigung und kamen zu dem Ergebnis, daß einerseits diese Tests eine Frontalhirn-Pathologie nicht speziell abbilden und andererseits bei vorliegender Frontalhirnschädigung keine Defizite in Testverfahren der Aufmerksamkeit festgestellt werden konnten.

Im Trail Making Test, Teil B, fiel als qualitative Besonderheit auf, daß die geforderte kontinuierliche Alternation zwischen Zahlen und Buchstaben nicht beibehalten werden konnte.

Im Zahlen-Symbol-Test der WAIS kam es zu einer Verlangsamung, die allerdings statistisch nicht signifikant war.

Den Resultaten in standardpsychologischen Tests steht die augenscheinliche Evidenz entgegen, daß bei Frontalhirnschädigung Aufmerksamkeitsdefizite vorliegen, die Hécaen und Albert (1978) von der ersten Untersuchung an als wahrnehmbar bezeichneten.

Probleme, Frontalhirnfunktionen bezogen auf Aufmerksamkeitsprozesse zu erfassen, resultieren aus zwei Quellen: Zum einen ist Aufmerksamkeit in ihren Komponenten nur unzureichend theoretisch geklärt. Die heute gebräuchlichen Testverfahren untersuchen am häufigsten die Fähigkeit, sich auf eine Aufgabe zu konzentrieren, ohne sich ablenken zu lassen oder aufzugeben. Vigilanzleistungen und die Fähigkeit zu geteilter und fokussierter Aufmerksamkeit werden weniger oft geprüft. Mit einer geeigneten Theorie erst wäre es nach Stuss und Benson (1986) möglich, valide psychologische Testverfahren zu entwickeln.

In einem erst kürzlich publizierten theoretischen Versuch hat Mirsky (1989) Aufmerksamkeit in die fünf verschiedenen Funktionen: Fokussieren, Ausführen, Beibehalten, Dechiffrieren und Verändern unterteilt und diese Elemente verschiedenen hierfür spezialisierten Hirnregionen zugeordnet. Der präfrontale Kortex wird als wichtig für die Fähigkeit angesehen, von einem hervorspringenden Aspekt der Umgebung auf einen anderen zu wechseln.

Den zweiten Problempunkt betrifft das anatomische Korrelat von Aufmerksamkeitsprozessen.

Luria (1973), der Aufmerksamkeit als grundlegend für die Direktivität und Selektivität geistiger Prozesse sah, hat in ihrer zerebralen Organisation neben dem oberen Hirnstamm und dem limbischen Kortex die frontale Region, die für die Hemmung von Antworten auf irrelevante Stimuli und für die Bewahrung von zielgerichtetem, programmiertem Verhalten verantwortlich ist, unterschieden.

Von Stuss und Benson (1986) wurden klinische Aufmerksamkeitsstörungen entlang des fronto-diencephalen Hirnstamm-Systems beschrieben, wobei eine Störung des frontothalamischen Schleusensystems, das das aufsteigende retikuläre Aktivierungssystem (ARAS), die somatosensorischen Fasern und die absteigenden Stränge vom frontalen Kortex kontrolliert, eine Störung im bewußten, gerichteten Aufmerksamkeitsverhalten verursacht und dort Auswirkungen hat, wo komplexes Verhalten die Planung, Selektion und Überwachung einer Handlung erfordert (Stuss & Benson 1984). Die Autoren verwiesen darauf, daß die spezielle Seite der Beteiligung des Frontalhirns schwer zu zeigen ist (1986, 99) und gaben ein Fallbeispiel für Beschleunigungs-Verlangsamungs-Probleme nach gedecktem Schädel-Hirn-Trauma (SHT), das sie als Defizit der selektiven Aufmerksamkeit deuteten und einer Störung der fronto-limbischen-ARAS-Kontrolle zurechneten (a. a. O., 101):

Ein 49jähriger Mann wurde wegen Arbeitsproblemen neuropsychologisch untersucht. Während des Interviews fiel auf, daß er langsam sprach, oft gar nicht antwortete oder nach einer Frage einen scheinbar unbezogenen Diskurs führte. Es wurde dann schließlich deutlich, daß er auf winzige Details des Gesprächs antwortete und nicht die allgemeine Bedeutung traf. Testpsychologisch erreichte er einen WAIS-R IQ von 136 und einen Wert von 135 in der Wechsler Memory Scale. Dennoch hatte er Schwierigkeiten, angemessenes Verhalten beizubehalten, antwortete perseverierend, hatte bei Gedächtnisaufgaben Probleme, Interferenzen zu hemmen und war bei Aufgaben der Informationsverarbeitung verlangsamt. Vor 20 Jahren war er in einen Autounfall verwickelt gewesen und hatte ein Koma erlitten in Verbindung mit einer posttraumatischen Amnesie, die länger als vier Monate dauerte. Obwohl er testpsychologisch gesehen seine intellektuellen Fähigkeiten wiedererlangt hatte, waren seine Fähigkeiten, auf Fragen direkt zu antworten und Information schnell zu verarbeiten, weiter schwer beeinträchtigt.

Die Frage der Spezifizierung frontaler Anteile an Aufmerksamkeitsprozessen versuchten Pribram (1973) und Pribram & Mc Guiness (1976) weiter zu klären. An der Regulation von Aufmerksamkeit sind als grundlegende Systeme oder Schaltkreise Arousal, Aktivierung und Anstrengung beteiligt. Von den zwei amygdalären

Schaltkreisen, die an der Arousal-Reaktion beteiligt sind, bezieht der eine den dorso-lateralen frontalen Kortex, der andere den orbitofrontalen Kortex mit ein.

Der dorso-laterale frontale Kortex kann Einfluß auf die Verarbeitung des visuellen Inputs ausüben. Dies geschieht durch eine Beteiligung an der Registrierung, die ein Focussieren der Aufmerksamkeit impliziert, die sich durch die mittels Erregung erreichte räumliche und zeitliche Auflösung ändert: Die Dichte der in jedem beliebigen Augenblick verarbeiteten Information wird verringert und die zeitliche Auflösung vergrößert (so daß Ereignisse besser gruppiert, erinnerbar und bewußt werden können), was die Möglichkeit der Interferenz zwischen Gehirnereignissen verringert. An diesem Prozeß sind auch die limbischen Teile des Vorderhirns, einschließlich des medialen und orbital frontalen Kortex beteiligt. Frontale Läsionen resultieren in Aufmerksamkeitsverlusten, einer Schwierigkeit, Neuheit zu registrieren, so daß Habituation oder Assimilation der Situation durch den Organismus nicht stattfindet. Durch das Defizit der Registrierung ist die Verarbeitung von Konsequenzen des Verhaltens gestört.

3.8 Kognitive Funktionen und höhere intellektuelle Fähigkeiten

Die frontalen Funktionen bei intellektueller Tätigkeit sind in der Literatur besonders kontrovers beschrieben worden. Während einige Autoren zu dem Ergebnis kamen, daß Frontalhirnläsionen keine intellektuellen Defizite nach sich ziehen (Position 1), haben andere Autoren Frontalhirnfunktionen mit den höchsten intellektuellen Funktionen verbunden (Position 2).

Unter einem Differenzierungs- und Definitionsgesichtspunkt können bzw. müssen diese widersprüchlich wirkenden Sichtweisen integriert werden.

Für Position 1 spricht das von Stuss und Benson (1986) zusammengefaßte bedeutende Ergebnis, daß eine überwältigende Zahl von Studien keine signifikanten Verschlechterungen in IQ-Punktwerten bei unterschiedlichen Typen von frontaler Hirnschädigung ergab.

Ein Argument für Position 2 bietet die Theorie Goldsteins (Walsh 1978). Er beschrieb generell als Folge lokaler Hirnschädigung und speziell und in besonderem Maße nach frontalen Läsionen einen Verlust des Abstraktionsvermögens ('abstract attitude'), worunter er eine große Anzahl von Verhaltensmerkmalen, z. B. auch Defizite der Planungskompetenz, eingliederte. Das Argument von Stuss und Benson (1986), daß eine Anzahl von Studien, die für Position 2 sprechen, aus Gründen ungenauer Definition der Begriffe ‚Kognition' und ‚intellektuelle Funktion' uninterpretierbar sind, spricht weder für Position 1 noch für Position 2.

Eine Integration der Positionen und eine damit einhergehende Differenzierung der kognitiven Funktionen erreichte Luria (1970, 1973), indem er als Ausgangspunkt Position 2 annahm. Goldsteins Ansicht, daß intellektuelle Defekte nach Hirnschädigung als Desintegration der abstrakten Einstellung zu betrachten sind, schätzte er als wichtig, aber unvollständig ein und verwies auf die Komplexität der intellektuellen Handlung. Nach Frontalhirnschädigung ist die Abstraktionsfähigkeit nicht generell gestört und der intellektuelle Prozeß bleibt intakt, wenn er auf konsolidierten Stereotypen früherer Erfahrung basiert und wenn Probleme durch das Auftauchen äquivalenter logischer Operationen gelöst werden können, im Gegensatz zu intellektuellen Operationen, die die Erstellung eines Handlungsplanes und eine Wahl zwischen mehreren gleich möglichen Alternativen erfordern (Luria 1969). Defizite der intellektuellen Aktivität hat Luria am konstruktiven und verbalen Intellekt und an arithmetischen Problemen verdeutlicht (1970).

Shallice und Evans (1978) erreichen eine Differenzierung, indem sie von Position 1 ausgehend Bedingungen für Position 2 testtheoretisch realisierten. Sie berichteten ein signifikant schlechteres Ergebnis einer Gruppe von Personen mit anterioren Läsionen im Vergleich zu posterioren Schädigungen bei Aufgaben der kognitiven Einschätzung (cognitive estimation). Das Defizit konnte dissoziiert werden von einer Verschlechterung der allgemeinen Intelligenz. Gefordert war die Beantwortung von Fragen, bei denen kein Spezialistenwissen notwendig war, um eine angemessene Antwort zu finden, z. B.: „What is the length of a pound note?".

Erklärt wurde das Defizit mit einer verminderten Fähigkeit der Selektion und Regulation kognitiver Planung als einer der Hauptfunktionen der Frontallappen, die durch ein Programm auf höherer Ebene niedrigere posteriore Operationen kontrollieren. Konventionelle Intelligenztests sind im Gegensatz zu den vorgegebenen Aufgaben primär durch Routine-Operationen von kognitiven Systemen niedrigerer Ordnung lösbar.

Eine Spezifizierung der Defizite, die mit höheren intellektuellen Defiziten zusammenhängen, versuchten Stuss und Mitarbeiter (Stuss & Benson 1986). In einer Untersuchung wurde das Problem des abstrakten Denkens operationalisiert und eine Gruppe leukotomisierter Schizophrener mit Hilfe von vier Tests (WAIS, Visual Metaphor Test, Visual-Verbal Test, Wisconsin Card Sorting Test [WCST]) untersucht. Minderleistungen wurden den folgenden spezifischen Defiziten zugeschrieben:

„1. eine Unfähigkeit, Wissen von spezifischen Fakten in geeignete Handlung zu übersetzen;

2. ein Problem, von einem Konzept zu einem anderen zu wechseln oder ein Verhalten zu ändern, das sie einmal begonnen haben;

3. eine Tendenz, auf ein Fragment zu antworten, wobei sie versagen, die Totalität oder das Schlüsselmerkmal einer komplexen Situation zu erfassen;

4. ein Defizit im Beziehen oder Integrieren isolierter Details;

5. eine Schwäche, simultane Quellen von Informationen zu handhaben.“

Diese Probleme erklärten sie mit Hilfe des Konzepts der exekutiven Funktion (höhere intellektuelle Funktionen), die mit den Frontallappen verbunden ist. Während kognitive Funktionen damit zu tun haben, welche Wissensinhalte und wieviel Wissen, Fähigkeit und intellektuelle Ausrüstung eine Person besitzt, betreffen exekutive Funktionen, die im nächsten Kapitel beschrieben werden, Fragestellungen, wie eine Person darangeht, etwas zu tun oder ob sie es überhaupt tut (Lezak 1982).

3.9 Exekutive Funktionen

Ein intakter frontaler Kortex ist weder bei der Sequenzierung per se, noch bei personaler räumlicher Orientierung oder räumlichem Gedächtnis Voraussetzung, jedoch von besonderer Bedeutung für die Fähigkeit, Aufgaben durchzuführen, bei denen der Kontext variiert. Hierzu ist eine übergeordnete Kontrollfunktion notwendig (Brody & Pribram 1978), die als exekutive Funktion oder exekutives System bezeichnet wird (Stuss & Benson 1986; Lezak 1982).

Teilfunktionen dieses Systems wurden von Stuss und Benson (1986) aufgezählt: Antizipation, Zielauswahl, Planung, Überwachung und der Gebrauch von Feedback. Lezak (1982) unterschied vier Hauptklassen oder funktionelle Kategorien, die als Gerüst für exekutive Kapazitäten dienen:

Kapazitäten, die

1. notwendig sind, um Ziele zu formulieren;
2. die in die Planung involviert sind;
3. die mit der Ausführung von Plänen zu tun haben, um die Ziele zu erreichen;
4. die dazu dienen, diese Aktivitäten effektiver auszuführen.

Lezak bemerkte, daß auf jeder Stufe in der Sequenz von Verhaltensereignissen, die ein geplantes Handeln ausmachen, das System der exekutiven Funktionen zusammenbrechen kann.

Stuss und Benson (1986) gaben an, daß ihre Aufzählung exekutiver Funktionen unvollständig ist. Konow und Pribram (1970) berichteten von einer weiteren Differenzierung. In einer Studie kamen sie zu dem Ergebnis, daß die Funktion der Evaluation von Fehlern (error evaluation) von der Fehler-Ausnutzung (error utilization) getrennt werden muß. Ein Patient hatte Fehler erkannt und im Bewußtsein registriert, aber dieses Wissen nicht gebraucht, um das eigene Verhalten zu kontrollieren, was einer fronto-limbischen Läsion zugeschrieben wurde.

Die qualitative neuropsychologische Analyse exekutiver Funktionen

Aus der Tatsache, daß in Intelligenz-Tests und anderen gebräuchlichen Tests keine signifikanten Defizite gefunden wurden, ergab sich für die Erfassung exekutiver Funktionen die Notwendigkeit modifizierter Herangehensweisen: die qualitative Analyse und neue experimentelle Verfahren, die ich im folgenden beschreiben will. Ausgearbeitete Tests, die Frontalhirnfunktionen bestimmen sollen, sind in Kapitel 5 dargestellt.

Als bedeutende Untersucher, die die qualitative Analyse systematisch entwickelt haben, wurden Luria und Hughlings Jackson genannt (Goldberg & Costa 1986).

Luria (1973, 219f) hat Patienten verschiedene komplexe Aufgaben vorgelegt und versucht, die Probleme der Patienten genau zu fassen. Große Schwierigkeiten bereitet Patienten mit Frontalhirnläsionen der komplexe Prozeß der Formulierung und Ausführung eines Programms, bei dem eine Antwort nicht sofort gegeben werden kann, sondern zuerst die Bedingungen des Problems zu analysieren sind, eine Entscheidung für eine Lösungsstrategie gefällt, die Operation in Übereinstimmung mit der Strategie ausgeführt werden muß und die

Ergebnisse mit den ursprünglichen Bedingungen zu vergleichen sind. Die korrekte Wiederholung der Problembedingungen (Luria spricht hier nicht von Verständnis), nachdem sie gelesen wurden, bereitet schon Schwierigkeiten: Die Fragestellung „Achtzehn Bücher standen auf 2 Regalen, aber sie waren nicht gleich verteilt: es waren zweimal soviele auf dem einen Regal wie auf dem anderen. Wieviele Bücher waren dort auf jedem Regal?" wurde mit „Achtzehn Bücher standen auf 2 Regalen, und zweimal soviele auf einem wie auf dem anderen. Wieviele Bücher waren dort auf den beiden Regalen?" beantwortet.

Bei gelungener Wiederholung der Bedingungen des Problems werden anstatt logisch aufeinander folgender Lösungsschritte impulsiv fragmentarische Operationen durchgeführt, die nicht einem allgemeinen Plan untergeordnet sind: „Natürlich ... achtzehn Bücher ... auf einem Regal und zweimal soviele ... das macht 36 ... 36+18=54." Der Widerspruch zwischen dem Resultat und den ursprünglichen Bedingungen wird nicht bemerkt, ein Vergleich findet nicht statt.

Die Linksche Probe

Ein anderes Beispiel für eine komplexere Aufgabe ist die Linksche Probe, bei der 27 kleine Würfel mit unterschiedlicher Anzahl gelber Seiten zu einem großen zusammengesetzt werden sollen (Luria 1970). Ich berichte im folgenden von einer eigenen Untersuchung.

Der 11jährige Patient K. ließ neben sprachlichen Auffälligkeiten – Wortfindungsprobleme, sehr unstrukturierte Erzählweise, unpräzise Benennungen und umständliche Umschreibungen – nur bei spezifischen, komplexen und serialen Anforderungen Probleme erkennen. Während er in allen Testleistungen durchschnittliche Ergebnisse erzielte, zeigten sich bei höheren Anforderungen an die visuelle Organisation und Strukturierung in den Untertests ‚Bilderergänzen' (3WP) und ‚Bilderordnen' (7WP) des Hawik-R Minderleistungen. Die Läsion war linksfrontal lokalisiert. Um die Strukturierungsschwäche noch besser zu erfassen, führte ich die Linksche Probe durch und gab folgende Instruktion: „Es geht darum, diese kleinen Würfel zu einem großen zusammenzusetzen. Der große Würfel soll von außen gelb sein. Es sind auf den kleinen Würfeln gerade so viele Seiten gelb, daß sich daraus ein großer Würfel bilden läßt, der von außen ganz gelb ist. Du kannst Zusatzfragen stellen."

Besonderheiten der zwei Durchgänge skizziere ich im folgenden:
„Im ersten Durchgang fällt auf, daß K. nichts nachfragt und das Material nur teilweise analysiert. Er verzichtet darauf, die Würfel zu zählen und zu überlegen, aus wieviel Steinen eine Schicht des großen Würfels besteht und beginnt eine 5 x 5-Schicht zu legen anstatt einer 3 x 3. K. kommt zu dem Ergebnis, daß das vorliegende Material für einen Würfel nicht ausreicht: „Das geht nicht" und benötigt einen Anstoß zur Weiterarbeit. Nach dem 11. Stein in 4 x 4 Format fällt ihm auf,

daß zu wenig Steine vorhanden sind. Dann legt er eine vollständige Schicht mit den gelben Seiten nach oben. Die Ausdeutung der Instruktion, daß auch die untere Seite gelb sein muß, gelingt nicht. Die andere bedeutende Regel, daß bei einem kleinen Würfel nur die Seite, die außen sichtbar ist, gelb sein darf, wird generiert und stringent verfolgt.

Beim zweiten Durchgang fällt auf, daß K. keine Steine sortiert, auch die nicht, die er zufällig genommen hat und die nicht paßten. Bei der mittleren Schicht ruft er eine falsche Regel auf: Die Oberseite wird auch gelb. Nach dem 4. Stein bricht er ab, nimmt die Schicht herunter und beginnt von neuem. Bei beiden Durchgängen hat der jeweils letzte Würfel nur 2 gelbe Seiten statt 3, so daß K. gezwungen ist, den passenden zu suchen und auszutauschen.

Ein Nicht-Beachten der äußeren Begrenzung einer Vorlage beim Mosaik-Test, während der Patient sich mit einem hervorspringenden figuralen Merkmal befaßte (Dahl 1986), wurde mit rechts-frontaler Pathologie verbunden (Goodglas & Kaplan 1979). Die Plättchen wurden wenig bewegt, um andere Positionen auszuprobieren.

Mit Hilfe der Analyse von Geschichten, die nachzuerzählen waren, verdeutlichten Goldberg und Costa (1986) das exekutive Defizit, das in der Unfähigkeit bestand, den Rückrufprozeß selektiv unter die bevorstehende Aufgabe unterzuordnen. Die Patienten begannen mit einem authentischen Fragment, konnten die begonnene Aktivität nicht beenden und entgleisten teilweise völlig, in dem sie einstündige Monologe führten, in denen den Protagonisten der Geschichte die eigene Situation zugeschrieben wurde, Aktivitäten aus dem sensorischen Feld des Patienten Eingang fanden und verbale und situationale Assoziationen, die sich außerhalb des Kontextes befanden, hinzugefügt wurden.

Das Turm-von-Hanoi-Problem

Eine Aufgabe, mit der Planungsprozesse untersucht wurden, ist das Turm-von-Hanoi (T.v.H.)-Problem.

Bei dieser Aufgabe ist eine bestimmte Reihenfolge von Zügen einzuhalten und eine Hierarchisierung von Zielen vorzunehmen (Anzai & Simon 1979).

Auf der linken von drei Holzstangen befindet sich ein „Turm" aus 3,4 oder mehr Holzscheiben, deren Durchmesser von oben nach unten in der Größe zunehmen. Zur Diagnostik von Planungsprozessen verwende ich die Drei- und die Vierscheibenversion. Die Instruktion lautet:

„Deine Aufgabe ist, den gesamten Turm auf die rechte Stange zu transportieren. Das mittlere Feld steht für Zwischenschritte zur Verfügung. Zwei Regeln sollen gelten: Du bewegst immer nur eine Scheibe, und eine größere Scheibe darf niemals auf einer kleineren liegen. Das Ziel soll mit möglichst wenigen Zügen (Scheibenbewegungen) erreicht werden".

Bei der Dreischeibenversion gelingt eine optimale Bearbeitung mit 7 Zügen, bei der Vierscheibenversion mit 15 Zügen. Bei der Auswertung werden die Anzahl der Züge bis zur Lösung und die Regelverstöße registriert. Die Durchführung mehrerer Durchgänge erlaubt eine Einschätzung der Lernfähigkeit. Ich berichte von einem eigenen Versuch, den ich mit dem oben bereits erwähnten Patienten K. durchgeführt habe.

Bei der Version mit 3 Scheiben gelang K. im vierten Durchgang die optimale Siebenerzugfolge. In den ersten drei Durchgängen unterliefen ihm Regelverstöße: Er benutzte beide Hände und legte eine Scheibe raus. Im 3. Durchgang war eine Regelerklärung notwendig, nachdem ich erkannt hatte, warum er nicht weiterkam. Ich teilte ihm mit, daß eine kleinere Scheibe natürlich über einer größeren liegen darf. Ich interpretiere K.'s Anfangsprobleme damit, daß er sich nicht genügend über die Bedingungen orientiert und vorschnell angefangen hat.

Bei der Version mit vier Scheiben hatte K. die optimale Lösung mit 15 Zügen in fünf Durchgängen nicht erreicht, Phase 1 optimiert K. im 2. Durchgang und behält diese Zugfolge in den weiteren Durchgängen bei. An dieser entscheidenden Stelle unterbricht er nicht, um die 2. Phase zu planen, die motorische Aktivität wird nicht gehemmt: Nach dem Überwechseln der großen Scheibe nach rechts (Ziel erreicht) folgt das sofortige Abtragen des Turms in der Mitte. Diese mangelnde Antizipationsleistung an dieser Stelle hat einen Fehler im 9. Zug zur Folge, den K. in allen weiteren Durchgängen nicht korrigieren kann. Für die Therapie ergab sich daraus, die Bildung von Phasen und Sequenzen und Meta-Planung zu üben, an welchem Punkt eine Unterbrechung zu erfolgen hat, um weiteres zu planen.

Shallice (1982) hat Patienten-Gruppen mit anterioren und posterioren Läsionen unterschieden und im Turm-von-Hanoi-Test bei der links-anterioren Gruppe, die die langsamste war, ein spezifisches Defizit festgestellt, das er als Planungs-Defizit bezeichnete und gegen andere möglichen Erklärungen verteidigte.

Störungen in Kurzzeitgedächtnisleistungen für verbale und visuelle Information, die beim Turm von Hanoi für bedeutender als beim Mosaik-Test gehalten wurden, für den ein primärer räumlicher Faktor festgestellt wurde, sind als Erklärung des festgestellten Defizits ebenso abgelehnt worden wie eine Hypothese, die Verbalität als entscheidenden Faktor hervorhob, weil die Unterdrückung der Artikulation keine signifikanten Auswirkungen auf die Durchführung von Aufgaben hatte. Als bedeutend für Planungsprozesse oder anders ausgedrückt „ein Überwinden vorher dominanter Assoziationen" stellte

Shallice (1982, 207) ein programmierendes System vor, das „supervisory attentional system" (S. A. S.), welches ich in Kapitel 4 näher beschreibe.

Die Erfassung von Eigeninitiative

Von einem weiteren interessanten Verfahren berichtete Lezak (1982). Mit der Begründung, daß in den herkömmlichen Untersuchungen dem Patienten kaum Möglichkeiten zur Eigenstrukturierung gelassen sind und deshalb Probleme in der Ausübung zielgerichteten Verhaltens unbemerkt bleiben können, entwickelte sie den Tinkertoy-Test (Bastlerspielzeug), bei dem den Patienten verschiedenartiges Konstruktionsmaterial wie Knöpfe, Dübel und Räder mit der Aufforderung „make whatever you want" vorgelegt und nach der Durchführung gefragt wird, was es darstellt. Als Hauptkriterien für die Bewertung der Durchführung galten die Anzahl der verwendeten Teile und die Benennung der Konstruktion. Patienten mit Schwierigkeiten in der Initiierung oder Ausführung von zielgerichteter Aktivität benutzten relativ wenige Teile, Patienten mit Planungsdefiziten benutzten mehr Teile, benannten ihre Konstruktionen im Gegensatz zu ersteren aber nicht oder nur unangemessen.

Der Gebrauch externer Hinweise

Um Planungskompetenz und Überwachung der Ausführung zu untersuchen, entwickelten Petrides und Milner (1982) Aufgaben mit verbalem und non-verbalem Material, bei denen die Antworten selbständig sequenziert zu organisieren und konstant mit bereits erfolgten zu vergleichen waren. Ein Defizit zeigte sich bei Personen mit frontalen Läsionen in einer unzureichenden Strategie für die Organisation bzw. im Überwachen der Antworten. Während Personen mit rechtsfrontalen Läsionen nur bei non-verbalen Aufgaben Defizite aufwiesen, waren nach links-frontalen Schädigungen auch verminderte Leistungen in verbalen Aufgaben festzustellen, was mit der dominanten Rolle der Sprache bei der Programmierung willentlicher Handlungen begründet wurde, während der rechte Frontallappen in Übereinstimmung mit der Hypothese rechtshemisphärischer Dominanz für visuell geleitete Aufmerksamkeit als bedeutender bei der Überwachung external geordneter Ereignisse erachtet wurde (Milner 1982). Defizite in räumlichen und nicht-räumlichen konditionalen assoziativen Lernaufgaben traten bei Personen mit frontalen Läsionen (besonders dorso-lateral-frontal) im Gegensatz zu Patienten mit temporalen Läsionen einschließlich bedeutender Hippocampus-Zerstörung auf und wurden als Schwierigkeit erklärt, die richtige Auswahl einer Antwort auf einen gegebenen Stimulus zu erlernen (Petrides 1985). Milner (1982) interpretierte diese Störung gegen Lurias Hypothese der selektiven Beeinträchtigung der verbalen Regulation von Verhalten als generelleres Defizit im Gebrauch externaler Hinweise, um Antworten zu lenken.

Den Gebrauch externer Hinweise untersuchten realitätsnäher Deutsch, Kling und Steklis (1979), die das Verhalten frontalhirngeschädigter Personen in Situationen beobachteten, während diese sich in einem Wartezimmer einer neuropsychiatrischen Klinik befanden. Im Gegensatz zur Kontrollgruppe, deren Mitglieder beim Betreten des Raumes eine kurze Pause einlegten und herumschauten bevor sie sich setzten, gingen alle Personen mit Frontalhirnläsionen direkt zum Tisch, der in ihrem Gesichtsfeld lag, nahmen ein Magazin, schauten hinein und sahen sich erst später im Raum um. Eine visuelle Orientierung auf Personen, die den Raum betraten und damit ein Überwachen von Veränderungen in der sozialen Umgebung fand nur statt, wenn die Person mit einer Tätigkeit befaßt war oder ein Gespräch führte. Weil die außerpersonale Orientierung und Aufmerksamkeit also nicht global gestört war, vermuteten die Autoren (1979, 427) neben oder anstelle der Störung des retikulären Aktivierungssystems die Unterbrechung von Mechanismen der personalen räumlichen Orientierung und begründeten die Orientierungsfähigkeit damit, daß die Tätigkeiten „als räumliche Bezugspunkte dienen könnten, um die herum zusätzliche Informationen über andere Objekte im Raum" organisiert werden.

4. Funktion und Organisation der Frontallappen

Im letzten Kapitel wurden verschiedene Funktionen zu Frontalhirn-prozessen in Bezug gesetzt und Ergebnisse, die sich auf die Funktio-nen bezogen, zusammengestellt. In diesem Teil soll der Bezugsort gewechselt werden und frontale Funktionen und Dysfunktion nach Läsionen als Symptomgruppierungen, Syndrome bzw. theoretische Modelle beschrieben werden.

Im ersten Teil wurden Darstellungen aus neuropsychologischen, psychiatrischen und neurologischen Standardwerken referiert, in einem zweiten Teil theoretische Modelle der Frontalhirnfunktion und Charakterisierungen des Frontalhirnsyndroms, die Forscher anhand eigener klinischer und experimenteller Arbeit dargelegt haben.

4.1 Darstellung normaler und geschädigter frontaler Funktionen in Lehrbüchern, Monographien und gebräuchlichen Standardwerken

Eine in der Literatur häufig zitierte Gesamtdarstellung der Neuropsy-chologie hat Walsh (1978) mit seinem Buch ‚Neuropsychology. A cli-nical approach.‘ vorgelegt. Im Kapitel über die Frontallappen wurden mit Benton bei bilateraler frontaler Zerstörung zwei Gruppen von Veränderungen, die das Frontalhirn-Syndrom umfaßt, genannt: Ver-änderungen der Persönlichkeit, die sich in verminderter Angst und Zukunftsorientierung, Impulsivität, Witzigkeit, leichter Euphorie und Mangel an Initiative und Spontaneität äußern. Intellektuelle Verände-rungen umfassen beeinträchtigte Integration von Verhalten über eine bestimmte Zeit (recent memory), mangelnde Fähigkeit, in abstrakten Begriffen zu denken und Planungsprobleme mit Schwierigkeiten, die Konsequenzen des eigenen Verhaltens einzubeziehen, bzw. die Bei-behaltung des Handlungskurses.

Anhand dieses Schemas referierte Walsh eine beträchtliche Anzahl von Forschungsarbeiten der verschiedensten Autoren. Intellektuelle Beeinträchtigungen wurden mit dorsolateralen Läsionen verbunden, Persönlichkeitsveränderungen mit orbitalen. Orbitale Läsionen sind jedoch nicht vollständig frei von intellektuellen Veränderungen, die aber bei dieser Lokalisation nicht Anforderungen des ‚every-day-life' entgegenstehen. Patienten mit geringen bis mäßigen FL-Zerstörungen erscheinen oft solange normal, bis jemand sie zu testen beginnt. Weil das Alltagsdenken in gewohnten Bahnen verläuft, werden Beeinträchtigungen erst in komplexen, neuen Situationen deutlich. Theorien der Frontalhirnfunktion verschiedener Autoren hat Walsh in seinem praxisorientierten Versuch nicht ausführlicher dargestellt.

In dem von Heilman und Valenstein herausgegebenen Buch ‚Clinical Neuropsychology' negierte Damasio (1985) das oft mit dem Begriff ‚Frontalhirnsyndrom' verbundene Bild einer einzigen charakteristischen Störung nach frontalen Läsionen und damit einer einzigen Funktion der Frontallappen und betonte die Vielzahl behavioraler Manifestationen, die mit unterschiedlichen Lokalisationen innerhalb der Frontallappen verbunden sind. Weil die Analyse von Fallstudien frontalhirngeschädigter Personen methodologisch für besonders lohnenswert gehalten wurde, sind ausführlich klassische Berichte und eine eigene Fallbeschreibung vorgestellt bzw. reinterpretiert worden. Die Schädigung motorischer und prämotorischer Areale verursacht neben motorischen Defekten bei Involviertheit der dominanten Hemisphäre diverse Sprachstörungen, bei Läsion der nicht-dominanten Hemisphäre Störungen der Prosodie.

Die Zerstörung des mesialen frontalen Sektors ist mit der Veränderung der Erfahrung und des Ausdrucks von Affekt, beeinträchtigtem Bewegungsantrieb und einer Kommunikationsstörung als Konsequenz verbunden. Bei gleichzeitiger Beteiligung des cingulären Areals und der SMA kommt es zu Mutismus (Stummheit) und Akinesie (Bewegungshemmung), bei mesialen Läsionen, die inferior und anterior zu bezeichneten Gebieten liegen, zu Mutismus.

Schädigungen des orbitalen Sektors, welche allgemein mit dem Konzept des „Frontalhirnsyndromes" verbunden wurden, sind durch Persönlichkeitsstörungen gekennzeichnet. Orbitale Strukturen stellen ein übergeordnetes System dar, welches bei komplexen sozialen Verhaltensweisen primäre hypothalamische Antwortmechanismen aufhebt und durch elaboriertere Handlungsformen ersetzt.

Die Zerstörung des dorsolateralen Areals beeinträchtigt kognitive Fähigkeiten höherer Ordnung. Die logisch zusammenhängende Organisation mentaler Inhalte, auf welcher Sprache und kreatives Denken beruhen, die Generierung von Bedeutung aus Erlebnissen und Handlungsplanung sind betroffen.

Bilaterale Läsionen verursachen die schwersten und dauerhaftesten Veränderungen.

In dem deutschsprachigen neuropsychologischen Standardwerk ‚Klinische Neuropsychologie‘ ordnete Poeck (1989) das Stirnhirnsyndrom als neurologisches und psychopathologisches Syndrom unter Störungen von Antrieb und Affektivität ein. Bei großen, insbesondere bilateralen Stirnhirntumoren, die das frontale Marklager schädigen, sind eine Verminderung des spontanen Antriebs und eine verminderte Fremdanregbarkeit, in schweren Fällen bis zum extremen Grad der Akinesie, feststellbar. Bei stark verzögerten Denkabläufen und Aufmerksamkeitszuwendungen sind die Personen durch Teilnahmslosigkeit, Gleichgültigkeit der Empfindungen und Vernachlässigung früher gewohnter Tätigkeiten zu charakterisieren. In fortgeschrittenen Stadien müssen sie gefüttert werden und wehren sich dagegen. Eine ‚kritiklose Euphorie‘, die häufig in Zusammenhang mit frontobasalen Schädelverletzungen beschrieben wurde, kann nicht festgestellt werden (gehört nicht zum Syndrom).

Jantzen & Jüttner haben im Zusammenhang mit einer Kritik der Psychochirurgie das Frontalhirnsyndrom als die „schwerste neuropsychologisch denkbare Persönlichkeitsstörung bezeichnet" (1981, 131). Das Syndrom hat Jantzen (1990, 168) folgendermaßen zusammengefaßt: Bei Schädigung der präfrontalen Rindenabschnitte „können schwere Motivationsstörungen und eine Einschränkung der Kritikfähigkeit auftreten. Damit einher geht ein Zustand verminderter Aktivität verbunden mit leichter Ablenkbarkeit und Zerfall der Orientierung. Das verbal vermittelte Gedächtnis bricht zusammen, im Umgang mit Begriffen und logischen Beziehungen treten Störungen auf, der Vollzug komplizierter, vernünftiger, zielgerichteter Akte wird unmöglich. Die steuernde Funktion der Sprache geht verloren. Die Orientierungsgrundlage der Handlung ist gestört, dadurch können keine Lösungsschemata ausgearbeitet werden."

In der Neuauflage des erst kürzlich erschienenen Werks „Kinder- und Jugendpsychiatrie" von Eggers et al. (1989) sind Beschreibungen, die sich auf Auswirkungen nach frontalen Läsionen beziehen, nicht zu finden.

Im ‚Handbook of Clinical Child Neuropsychology‘, das von Reynolds und Fletcher-Janzen (1989) herausgegeben wurde, wurde von Wilkening die Frage nach Defiziten bei Frontalhirnschädigung bei

Kindern gestellt. Die mit dem präfrontalen Kortex verbundenen exekutiven Funktionen sind komplex und subtil, wenn sie effektiv ausgeführt werden und reifen mit dem Alter heran. Die Hypothese, daß funktionelle Defizite nach Frontalhirnschädigung erst in der Adoleszens feststellbar sind, scheint nicht haltbar, denn im Alter von 10–12 Jahren erreichen Kinder Leistungen im Wisconsin Card Sorting Test, die dem Niveau „normaler" Erwachsener entsprechen. Fähigkeiten, die mit den Frontallappen verbunden sind, reifen während der Latenzzeit heran, sind aber erst im Alter von 11 bis 12 Jahren nachzuweisen. Für Kinder mit „Frontalhirnsyndrom" wurden als signifikant beeinträchtigte Verhaltensweisen eine sozial unangemessene Offenheit, Sich-Vertiefen in persönliche Information über sich selbst und andere und Entkleiden in sozial unangemessenen Situationen genannt.

Poeck (1987) hat in seinem Lehrbuch der ,Neurologie' zwei Stirnhirnsyndrome unterschieden. Bei Läsionen des Marklagers (Corpus medullare cerebri; weiße Substanz, die sich zwischen der Hirnrinde und den in der Tiefe liegenden grauen Kernen befindet) und der Konvexität (Frontalpol) treten als wichtigste Symptome Veränderungen von Affektivität und Antrieb auf. Bei indifferenter Stimmung und Nivellierung der affektiven Bewegungen ist jede Umstellung erschwert. Weitere Symptome sind Echolalie, Echopraxie, Perseveration, eine leichte kontralaterale Hemiparese, eine frontale Gangstörung und bei einer Läsion der sprachdominanten Hemisphäre eine Broca-Aphasie. Das seltene Syndrom nach Verletzung der orbitalen Rinde zieht einen Verlust der Wertvorstellungen, eine flache Euphorie mit distanzlosem Witzeln und die Enthemmung sexuellen und aggressiven Triebverhaltens nach sich.

Nauta & Feirtag (1986) stellten das Frontalhirnsyndrom zusammenfassend dar, indem sie Symptome, die sich im Leben der Patienten nur wenig und unbemerkt äußerten, von gravierenderen Beeinträchtigungen unterschieden. Die Symptome nach Frontalhirnschädigung sind weder sensorisch oder motorisch noch agnostisch, apraktisch oder linguistisch (aphasisch). Ein ,quasi-motorisches' Zeichen stellt das reflexhafte, zwanghafte Greifen da, welches wenige Stunden nach traumatischen Frontalhirnläsionen auftritt; als ,quasi-sensorische' Zeichen werden die beeinträchtigte Wahrnehmung der Vertikalen bei Neigung des Körpers (Teubers Aubert-Aufgabe), Fehlbenennungen bei Aufgaben mit Körperumrißzeichnungen und defizitäre Programmierung von Blickbewegungen vermerkt. Gravierende Veränderungen nach extensiver bilateraler Zerstörung sind bedeutende Charakterveränderungen, die sich in Indifferenz gegenüber Dingen, die die Person eigentlich betreffen sollten, Impulsivität, zwanghafter Respektlosigkeit und einem bedeutenden Mangel an sozialem Dekorum äußern.

4.2 Theorien frontaler Funktionen und Dysfunktionen

4.2.1 Das Frontalhirnsyndrom mit seinen Varianten in der Theorie von Luria

Luria (1969) unterschied ein prämotorisches Syndrom von präfrontalen Syndromen. Als grundlegend für das mit dem Areal 6 verbundene prämotorische Syndrom sah er motorische Störungen an. Als Symptome nannte er die „De-Automatisierung komplexer motorischer Handlungen und ein Wiederaufleben elementarer Automatismen" (Luria 1969, 731). Bei Läsionen der inferioren Teile der dominanten Hemisphären treten Störungen der kinetischen Melodie auch beim Sprechen und beim verbalen Denken auf.

Die Rolle der präfrontalen Areale (die konvexen Felder 9, 10 und 46 und die medialen bzw. basalen Areale 11 und 12) kennzeichnete Luria als bedeutend für die Regulation der komplexesten Formen von Aktivität, der Programmierung von Handlungen und der Fehlerkorrektur. Als Hauptsymptome bei präfrontalen Läsionen benannte er eine Störung des aktiven, zielgerichteten Verhaltens und eine Störung der kritischen Einstellung gegenüber eigenen Defiziten (1969, 738). Störungen nach Frontalhirnläsionen hat Luria bei der Bewegungsregulation, der perzeptiven, mnestischen und intellektuellen Aktivität und der emotionalen Regulation beschrieben.

Varianten des frontalen Syndroms wurden lokalisationsabhängig beschrieben. Bei linkshemisphärisch-konvexer Verortung wurde ein Mangel an Spontaneität und eine Inaktivität festgestellt, die bei Schädigung superiorer Teile der prä- und postfrontalen Region mehr die motorische Sphäre und bei Schädigung inferiorer Teile der präfrontalen Region hauptsächlich die Sprechaktivität betrifft. Während bei linksfrontalen Läsionen eine Adynamie des verbalen Denkens (Störung der Sprachinitiierung) und dynamische Aphasie auftreten, ziehen rechtsfrontale Läsionen Charakterveränderungen mit Verlust einer korrekten Einstellung zum eigenen Zustand und zur Umgebung nach sich, wobei Luria feststellte, daß das Syndrom nach rechtsfrontalen Läsionen noch wenig untersucht ist.

Nach basalen (orbitalen) Läsionen („basal frontales Syndrom") treten emotionale Störungen mit besonderer Enthemmung auf.

Verletzungen medialer Teile, die sich in subkortikale Regionen ausdehnen, hat Luria generelle Bewußtseinsveränderungen, mangelnde Orientierung in Raum und Zeit und schwere Gedächtnisdefizite zugeschrieben („fronto-dienzephales Syndrom" [Luria 1970, 359]).

Luria (1987, 34) hat in seinem Buch ‚The Man with a shattered world' das Syndrom nach Verletzung anteriorer Teile des Gehirns zusammenfassend wie folgt beschrieben:

"Solch eine Verletzung zerstört nicht die Fähigkeit einer Person zu lernen, wahrzunehmen oder sich zu erinnern. Ihre Welt bleibt intakt, obwohl ihr Leben wirklich bemitleidenswert (pathetic) ist: sie ist völlig unfähig, irgendwelche dauerhaften Intentionen auszubilden, Pläne für die Zukunft zu entwickeln oder die Richtung des eigenen Verhaltens zu bestimmen. Sie kann nur auf Signale antworten, die sie von außen aufnimmt, ist aber machtlos, diese in eine Serie von Symbolen umzuformen, um ihr Verhalten zu kontrollieren. Und weil sie nicht die Möglichkeit hat, ihre Fehler zu evaluieren, kann sie sie nicht korrigieren. Sie weiß nicht einmal, was sie in der nächsten Minute tun wird und noch weniger was in der nächsten Stunde oder am nächsten Tag. Daher ist sie, obwohl ihre Vergangenheit intakt bleibt, jeder Möglichkeit von Zukunft beraubt und verliert genau das, was eine Person menschlich macht" (deutsche Übersetzung des Autors).

Auf der Ebene der Organisation gesamtzerebraler Prozesse hat Luria (1973) neben den funktionellen Einheiten für die Regulation von Tonus, Wachheit, Aktivation bzw. Informationsaufnahme, -verarbeitung und -speicherung die Einheit für Programmierung, Regulation und Verifikation von Aktivität unterschieden, die er dem anterioren Kortex zugeordnet hat. Als bedeutendsten Teil der dritten funktionellen Einheit stellte er die präfrontalen Teile heraus und charakterisierte sie als eine Art „Superstruktur" gegenüber allen anderen Teilen des zerebralen Kortex mit einer universelleren Funktion der Verhaltensregulation (1973, 89), die durch Beteiligung an Aktivierungsprozessen und Einflußnahme auf niedrigere Systeme der Formatio reticularis direkt an der Bildung von Plänen und Intentionen partizipiert, deren Arbeit moduliert und die komplexesten Formen bewußter Aktivität ermöglicht.

4.2.2 Browns mikrogenetische Theorie

Einen bedeutenden Schritt in Richtung einer Aufklärung der Spezifität der Störung unterschiedlicher Abschnitte des frontalen Kortex leistete Brown (1987; 1991), der ein Modell von Frontalhirnorganisation beschrieb, bei dem Symptome als Störungen in der mikrogenetischen Entfaltung einer Handlung zu verstehen sind. Bei jeder Antwort des Organismus wird eine Handlungssequenz wiederholt, die vom oberen Hirnstamm und den Basalganglien durch mesial paralimbische Regionen (anteriorer gyrus cingulus, SMA) zum Integrations-Kortex auf der Konvexität verläuft und weiter vom prämotorischen zum präzentralen Areal vorangeht. Diese Progression der Handlungsentwicklung korrespondiert mit Ebenen von Sprache, Affekt und Objekt- bzw. Raum-Repräsentation. Affekte stellen sich zu Beginn der Handlung intensiv in Form instinktiver Triebe dar. Auf einer nachfolgenden Übergangsstufe findet eine Zergliederung in Teil-Affekte statt, die sich bei Frontalhirnläsionen als Depression, Apathie und Euphorie zeigen. Auf einer weiteren Ebene sind affektfreie Verhaltensweisen möglich. Weil der Wille (volition) zur Handlung erst während dieses Entfaltungsprozesses entsteht und nicht Handlungen entstehen läßt, kann er nicht unabhängig gestört sein. Handlungspläne als bewußte Repräsentation generieren also nicht Pläne. Beim Frontalhirnsyndrom kommt es folglich nicht zu kognitiven Beeinträchtigungen auf höherer Ebene oder zu komplexeren Störungen der Kognition. Weil je nach Lage der Läsion ein bestimmter Punkt in der Handlungssequenz unterbrochen ist, besteht das Syndrom aus mehr als einem zugrundeliegenden Defizit.

Brown (1985a, 37) ordnete verschiedene Symptome drei Gruppen zu, die aufeinanderfolgenden evolutionären Systemen entsprechen.

Ich gebe Browns Interpretation auf einer motorischen Basis tabellarisch in Tabelle 1 wieder.

Brown (1985b) sah Symptome nicht als Abschwächungen oder Regressionen, sondern Symptome beziehen sich auf die normale Verarbeitung unter der Oberfläche, die durch die zerstörte Region vermittelt wird. Durch fokale Läsionen findet eine Unterbrechung dieser Mikrostruktur statt und eine Enthüllung sonst verschütteter Stufen. Obwohl Brown betont hat, daß das Frontalhirnsyndrom nicht auf ein einziges zugrundeliegendes Defizit zurückgeführt werden kann, verdeutlichte er, daß während der zeitlichen Entwicklung der Handlung mit einer Empfindung für Antizipation und Weiterentwicklung in der Zukunft das Gefühl entsteht, als Handelnder Einfluß auf die Umgebung zu nehmen und daß „der Verlust dieser aktiven oder volitionalen Beziehung zur Welt letztlich den profundesten Effekt nach Frontalhirnzerstörung ausmacht" (1985a, 38. Deutsche Übersetzung vom Autor).

Tabelle 1. Gruppen frontaler Störungen nach Brown (1985a)

	Lokalisation der Läsion	Charakteristikum	Einzelne Symptome
Gruppe I	fronto-limbisch	beeinträchtigte Aktivation a) der Handlung als Ganzes oder b) einer Teilhandlung	akinetischer Mutismus, Perseveration, motorischer Neglect, Mangel an Initiierung, Hyperaktivität, Trägheit, fehlende Spontaneität, transkortikale motorische Aphasie, ‚alien-hand-syndrom'[1]
Gruppe II	konvex	Entgleisen der Handlung nach adäquater Initiierung	Ablenkbarkeit, Konfabulation, Apraxie
Gruppe III	prämotorisch präzentral	Defekt der finalen Ausführung	Misartikulation, Dyspraxie

[1] Auf das unkontrollierbare Agieren der betroffenen Hand reagieren die Patienten bestürzt und versuchen durch Festhalten mit der anderen, Bewegungen der beeinträchtigten Hand zu verhindern (Goldberg 1987)

4.2.3 Die Theorie der ‚corollary discharge'

Teuber (1964; 1972) kritisierte klassische Interpretationen von Defiziten nach Frontalhirnläsionen, die in einer ‚Stimulus-Response'Begrifflichkeit sensorische von motorischen Funktionen strikt trennten bzw. Gehirnfunktionen als Abfolge von motorischen auf sensorische Funktionen betrachteten. In umfangreicher Forschungsarbeit stellte er Defizite in Tests des visuellen Suchens, der Aubert-Aufgabe (die visuelle Vertikale muß unter verschiedenen Bedingungen der Körperhaltung eingeschätzt werden), bei Kipp-Figuren und bei der personalen Orientierung fest. Auf dem Hintergrund von Befunden in zahlreichen Tests, bei denen keine Verschlechterungen gefunden wurden, interpretierte er die Defizite in den Wahrnehmungsaufgaben ein heitlich auf der Ebene der motorischen Funktion. Der Aspekt der Bewegungskontrolle, der einem Funktionswechsel unterworfen ist, betrifft die Antizipation der motorischen Veränderung und die Unterscheidung von Veränderungen des sensorischen Input, die infolge eigenproduzierter Bewegungen versus wirklicher Bewegung in der Umgebung getroffen werden muß. Bei jeder willentlichen Bewegung findet vom frontalen Kortex aus neben der Impulsübermittlung zu den Effektoren simultan ein Informationstransfer zu zentralen Rezeptorstrukturen statt, den Teuber (1964, 439) „corollary discharge" (Folgeentladung) nannte: Die Rezeptoren werden „für solche vorhersagbaren Veränderungen des Input, welche die Konsequenzen des besonderen motorischen Output sein werden, voreingestellt" (deutsche Übersetzung vom Autor).

Den antizipatorischen Einfluß von motorischen Strukturen auf sensorische verdeutlichte Teuber an der Kontrolle der willentlichen Augenbewegungen. Während bei einem willentlichen Blickwechsel die Umgebung still steht, weil der visuelle Mechanismus durch eine ‚corollary discharge' vom okulomotorischen System auf den Positionswechsel nach okulärer Bewegung vorbereitet ist, bewegt sich die Umwelt nach passiver Bewegung des Augapfels, weil der ausgleichende Mechanismus der ‚corollary discharge' nicht aktiviert wird.

Das Wesentliche der frontalen Strukturen liegt nicht in der Reaktion auf einlaufende Stimuli, sondern in der Vorhersage derselben, der Voreinstellung eines Mechanismus. Personen mit Frontalhirnschädigung verlieren allerdings nicht vollständig die Fähigkeit, den Lauf von Ereignissen zu antizipieren, „aber sie können sich selbst nicht in Beziehung zu solchen Ereignissen als potentiell Handelnde" sehen (Teuber 1964, 440).

4.2.4 Nautas neuroanatomisch begründete Funktionstheorie

Nauta (1964; 1971; 1972) betonte in seiner neuroanatomisch begründeten Funktionstheorie, daß der frontale Kortex als sensorischer wie auch als effektorischer Mechanismus gesehen werden muß, weil eine reziproke Beziehung sowohl zu den zwei großen funktionellen Bereichen der parietalen und temporalen Regionen, die mit der Verarbeitung visueller, auditorischer und somatosensorischer Information befaßt sind als auch zum limbischen System mit seinen subkortikalen Korrespondenten besteht. Beim Frontalhirnsyndrom sind folglich Mechanismen der Wahrnehmungsverarbeitung und der Verhaltensprogrammierung gestört.

Der frontale Kortex überwacht und moduliert limbische Strukturen, die zentral an Funktionen beteiligt sind, die sich auf das interne Milieu des Organismus beziehen. Von der Umwelt ausgehende Signale verändern funktionelle Zustände des limbischen Systems, die sich subjektiv in Form von Motivationen und Affekten manifestieren. Nach frontalen Läsionen gehen modulierende Einflüsse, die normalerweise vom Stirnhirn auf limbische Mechanismen ausgeübt werden, verloren und haben bedeutende Effekte auf die Differenzierung und den Umfang affektiver, motivationaler und viscero-endokriner Antworten des Subjekts auf die Umwelt: Es versagt beim Vergleich von Umweltsituationen, die allerdings richtig beschrieben werden können. Wahrnehmungsorientiert ist die Fähigkeit beeinträchtigt, bestimmte Information aus dem internen Milieu und durch neokortikale Verarbeitungsmechanismen bereitgestellte Meldungen aus der Umwelt zu integrieren. Der frontale Kortex ist nicht nur mit der Voreinstellung exterozeptiver Verarbeitungsmechanismen befaßt, was Teuber ‚corollary discharge' nannte, sondern auch mit Mechanismen, die sich auf interozeptive Information beziehen. Dabei wird „eine zeitliche Sequenz von affektiven Bezugspunkten etabliert, die als Wegmarkierungen dienen und durch ihre sequentielle Ordnung gleichzeitig den allgemeinen Kurs und die zeitliche Stabilität komplexer zielgerichteter Formen von Verhalten bereitstellt" (Nauta 1971, 183. Deutsche Übersetzung vom Autor). Durch Verhaltensantizipation auf affektiver Ebene werden die affektiven Konsequenzen verschiedener Verhaltensweisen für bestimmte Situationen vorweggenommen, getestet und in Angleichung an somatisch sensomotorische Mechanismen auch über längere Zeitstrecken repräsentiert. Die Tendenz zur Ausblendung gegenwärtiger oder entworfener Handlungsprogramme bzw. die Überlagerung durch interferierende Einflüsse und beeinträchtigte strategische Wahlentscheidungen sind die Folge nach Schädigung der Frontallappen, die eine Funktion als Hauptvermittler beim Informationsaustausch zwischen zerebralem Kortex und limbischem System innehaben.

4.2.5 Die Frontallappen und die zeitliche Integration von Verhalten

Fuster (1980; 1984; 1987) betonte in seiner Theorie der Funktion des präfrontalen Kortex die bedeutende und hochkomplexe Rolle bei der Organisation und Kontrolle von Handlungen. Als entscheidend hob er zeitliche Integrationsleistungen von Verhalten hervor, bei denen eine

Strukturierung von Verhalten auf der Basis zeitlich verschiedener, aber gegenseitig abhängiger Items von Information ermöglicht wird. Bei neuen und komplexen Anforderungen an den Organismus wird durch den präfrontalen Kortex eine übergeordnete Funktion ausgeübt, die in der Bildung zeitlicher Strukturen von Verhalten mit einem einheitlichen Ziel besteht, unterstützt durch die drei untergeordneten Funktionen der Antizipation, des provisorischen Gedächtnisses (provisional memory) und der Kontrolle von Interferenz. Erstere beiden wurden mit dorsolateral-konvexer Aktivität verbunden, letztere mit ventraler und medialer. Durch die prospektive Funktion der Vorbereitung auf geordnete antizipierte Ereignisse auf ein Ziel hin und die retrospektive Funktion des Speicherns von Ereignissen einer Reihenfolge (Serie) bis zur Zielerreichung wird die Integration zeitlich verschiedener Ereignisse in eine zielgerichtete behaviorale Struktur ermöglicht.

Präfrontaler Dysfunktion folgen bei einer Verzerrung der zeitlichen Struktur Fragmentierung und Perseveration. Plan und Handlung können nicht zu einem zusammenhängenden Ganzen verbunden werden, weil die zielgerichtete zeitliche Synthese nicht gelingt. Mit Hilfe dieser theoretischen Überlegungen können nach Fuster (1980) die meisten Verhaltensstörungen nach präfrontalen Läsionen verstanden werden: affektive und soziale Auswirkungen bleiben schwerer faßbar.

Durch elektrophysiologische Analyse einzelner Einheiten von Zellen (single-unit studies) bei Verzögerungsaufgaben wurden zwei innerhalb kleiner dorso-lateral-präfrontaler Parzellen koexistierende Zelltypen gefunden, die die beiden komplementären Aspekte von zeitlicher Integration, Kurzzeitgedächtnisprozesse und Antizipationsleistungen reflektieren (Fuster 1984; 1987).

Auf die Bedeutung zeitlicher Prozesse haben ebenfalls Pribram und Tubbs (1967) und Milner (1982) verwiesen.

4.2.6 Die anatomisch-behaviorale Theorie von Stuss & Benson

In einer früheren Arbeit charakterisierten Stuss & Benson (1984, 22f.) die Organisation des präfrontalen Kortex als nur unvollständig verstanden, was sie veranlaßte, sechs spezifische Funktionen, die sie als vage und allgemein bezeichneten, lediglich aufzuzählen. Nach präfrontaler Schädigung wurden festgestellt: die Dissoziation von Handlung und Wissen; beeinträchtigte Fähigkeiten der Sequenzierung, Etablierung bzw. Veränderung und Beibehaltung einer Einstellung (set) bei Interferenz; Defizite bei der Überwachung und Kor-

rektur eigenen Verhaltens; Haltungen von Unbewußtheit (unaware-
ness), Gleichgültigkeit und Apathie.

Die Frage nach einem zugrundeliegenden Hauptdefizit versuchten
die Autoren in einem Modell der Frontalhirnfunktion, das sie allerdings als noch unvollständig bezeichneten, zu klären (Stuss & Benson 1986. Siehe Abb. 5).

Funktionelle Systeme wie Sprache, Gedächtnis oder Aufmerksamkeit sind mit dem posterioren Kortex verbunden, zu denen präfrontale Areale in exekutiver und kontrollierender Funktion stehen. Bei
Frontalhirnschädigung treten nur indirekte Störungen vieler funktioneller Systeme ein, bei denen ihre Aktivitäten bei veränderter Funk-
tionskontrolle intakt bleiben können.

Um Funktionszusammenhänge auf gesamtzerebraler Ebene zu
erklären, werden drei zunehmend abstraktere Ebenen von Frontalhirnfunktionen, die hierarchisch über den posterioren Systemen stehen, beschrieben.

Auf Ebene 1 wirken als Gegenstück zu posterioren zwei anteriore
funktionelle Systeme. Das erste System übt Sequenzierungs-, Grup-

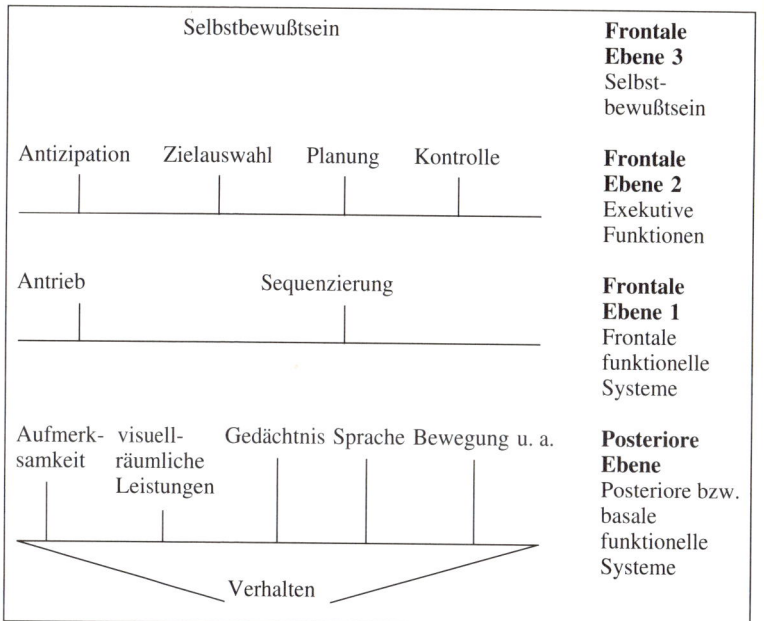

Abb. 5. Die Hierarchie der Gehirnfunktionen nach Stuss & Benson (1986)

pierungs- und Integrationsfunktionen aus und ist von intakten lateralen (dorsalen und orbitalen) Arealen der Konvexität abhängig. Innerhalb dieses Systems besteht eine Hierarchie, denn Gruppierungsfunktionen (set formation) und Integrationsoperationen sind von der
Sequenzierungsfähigkeit, die Leistungen der Speicherung und Organisation von Information in bedeutungsvolle Rangfolgen umfaßt,
abhängig. Durch Gruppierungsfunktionen wird nach Identifikation
und Extraktion relevanter Informationen Material in Gruppen zusam-
mengehöriger Information geordnet, so daß aus verfügbaren
Datensätzen neue und komplexere Information entsteht. Integrationsoperationen strukturieren ausgewählte alte bzw. aktuelle Information
neu, so daß neues Wissen entsteht, welches zum Verstehen einer komplexen Situation beitragen kann. Nach präfrontaler Schädigung
kommt es bei Veränderung mindestens einer der genannten drei Funktionen zu beeinträchtigten geistigen Prozessen.

Das zweite frontale funktionelle System, welchem eine enge Ver-
bundenheit mit medialen frontalen Strukturen, insbesondere dem
gyrus cingulus und dem supplementären motorischen Feld, zugespro-
chen werden kann, ist mit Antriebs-, Motivations- und Willensfunktionen befaßt.

Nach Frontalhirnschädigung wurde als häufigste Veränderung des
Antriebs Apathie beschrieben, worunter eine verminderte Aktivität zu
verstehen ist. Eine weitere Form ist ein übermäßig gesteigerter
Antrieb, der auf einer verringerten Fähigkeit, Handlungen zu hemmen, basiert. Handlungen werden ohne angemessene intellektuelle
Kontrolle ausgeführt. Dieses Defizit ist mit orbitalen Läsionen in Verbindung gebracht worden. Die Begriffe ‚Motivation‘ und ‚Willensfunktionen‘ können im wesentlichen als Synonyme für den Terminus
‚Antrieb‘ verwendet werden.

Ebene 2 beinhaltet die exekutive Funktion, die in Nicht-Routine-
Situationen aktiviert wird und aus folgenden separaten und experi-
mentell testbaren frontalen Unterfunktionen besteht: Antizipation,
Zielauswahl, Vorausplanung, Überwachen und Gebrauch von Feedback. Steuerungs- und Kontrollprozesse, für die der präfrontale Kortex die anatomische Basis ist, werden im Gegensatz zu posteriorer
automatisierter und routinisierter Kontrolle als Regel- oder Pro-
grammkontrolle und Sequenzsteuerung bezeichnet.

Als notwendig für Steuerungsprozesse und eng verbunden mit der
exekutiven Funktion aber als eigenständige Einheit stellt das Bewußt-

sein vom Selbst (self-awareness, self-consciousness) auf Ebene 3 die
höchste Eigenschaft der Frontallappen dar.

4.2.7 Kaczmareks neurolinguistisches Modell

Ein neurolinguistisches Modell hat Kaczmarek (1984; 1987) aufgestellt. Er ging von der besonderen Rolle der Sprache für die Regulation menschlichen Verhaltens, besonders auch für die Selbst-Regulation, aus. Kaczmarek untersuchte die Beziehung der beeinträchtigten regulatorischen Funktion nach präfrontaler Läsion zu gestörter Sprachproduktion bei der Reproduktion von Geschichten, der Beschreibung von Bildern und spontanen Erzählungen. Eine Personengruppe mit präfrontalen Läsionen ohne klassische aphasische Symptome und andere neurologische Störungen wurde von Personen mit posterioren Läsionen mit und ohne Aphasie unterschieden.

Die Untersuchung der semantischen Struktur sämtlicher Sprachäußerungen zeigte bei posterioren Aphasikern als häufigste Defizite Wortfindungsstörungen und phonematische Paraphasien. Personen mit posterioren Läsionen zeigten typischerweise Perseverationen auf Wortebene, wogegen Personen mit frontalen Läsionen bei allen drei Aufgabentypen Perseverationen von Sätzen zeigten.

Die Fehlermuster bei Personen mit Frontalhirnschädigung waren nicht so stabil wie die der anderen Gruppen und variierten mit dem Aufgabentyp. Beim Nacherzählen von Geschichten wurden einzelne Sätze an falschen Stellen reproduziert. Weil in der Mitte der Geschichte Sätze ausgelassen wurden, konnte die Geschichte nicht erzählt werden. Wenn den Personen jedoch detaillierte Fragen gestellt wurden, war es ihnen möglich, die Geschichte zu erzählen. Die Durchführung der Aufgabe gelang ihnen bei auditiver Darbietung der Geschichte besser als bei visueller. Beim Beschreiben von Bildern wurde nicht die Situation des Bildes als Ganze charakterisiert, sondern einzelne Elemente genannt. Fehlbenennungen einzelner Bildelemente führten zu falschen Gesamtinterpretationen. Ein spezieller Fehlertyp bei spontanen Erzählungen waren stereotype Sätze wie z. B. ‚Berge sind sehr hoch'. Abweichungen, die zu Konfabulationen führten, waren weitaus häufiger zu verzeichnen als bei den anderen Aufgabentypen.

Die Analyse der syntaktischen Struktur sämtlicher Sprachäußerungen zeigte, daß Personen mit Frontalhirnschädigung im Vergleich mit einer Kontrollgruppe weitaus häufiger einfache und unvollständige Sätze verwendeten. Variationen der Syntax-Struktur mit dem Typ der Aufgabe waren nicht festzustellen. Ein überraschendes Ergebnis ist, daß Aphasiker komplexere Antworten erbrachten als Personen mit frontalen Läsionen.

Innerhalb des frontalen Syndroms untersuchte Kaczmarek drei Gruppen und ordnete ihnen lokalisationsspezifisch unterschiedliche Symptome und Funktionen zu. Bei Bildbeschreibungen mißinterpretierten Personen mit dorsolateralen bzw. links-orbitalen Läsionen typischerweise Einzelelemente eines Bildes, während Personen mit rechts-frontalen Läsionen das Bild als Ganzes fehldeuteten. Als bedeutender Fehlertyp wurde beim Nacherzählen von Geschichten bei rechts-frontal geschädigten Personen die Fehlplazierung von Sätzen festgestellt. Dorsolateral geschädigte Personen zeigten bei dieser Aufgabe die Tendenz, den ersten Satz perseverierend zu wiederholen. Bei spontanen Erzählungen wiesen die rechts-frontal Geschädigten weit mehr stereotype Sätze auf als die beiden anderen Gruppen.

Grundlegende Ergebnisse der neurolinguistischen Analyse gebe ich zusammengefaßt noch einmal tabellarisch in Tabelle 2 wieder.

Tabelle 2. Lokalisationsabhängige frontale Funktionen und Dysfunktionen nach Kaczmarek (1987):

Frontale Lokalisation	Hauptdefizit auf verbaler Ebene nach Läsion	Symptome auf Handlungsebene	Funktion
I dorso-lateral	beeinträchtigte Sprachproduktion	defizitäre Ausführung von Verhaltensakten	Formulierung von Plänen
II links-orbital	zu Konfabulationen führende Digressionen	inadäquate Handlungsänderung aufgrund beliebiger innerer und äußerer Impulse	Überwachung des Handlungsverlaufs
III rechts-hemisphärisch	wie bei I u. II; Deplazierung von Sätzen, inkorrekte Interpretationen von ganzen Bildern	defizitäre Evaluation der eigenen gegenwärtigen Lage; Desorientiertheit in Raum und Zeit	holistische, räumliche Organisation von Information

4.2.8 Kognitionspsychologische Modelle frontaler Funktionen

4.2.8.1 Das ‚Supervisory Attentional System' (S. A. S.) nach Shallice

Shallice (1982) diskutierte das Frontalhirnsyndrom unter dem Gesichtspunkt der Aufmerksamkeitskontrolle von Verhalten. Als Basiseinheit für Kognitionen und Handlungen nahm er ein Schema (Handlungsschema oder Denkschema) an, welches eine spezielle gelernte Handlung oder Fähigkeit, z. B. den Weg von der Arbeit nach Hause zu finden, kontrollieren kann. Aktiviert werden können Schemata beispielsweise durch wahrgenommene Auslösereize oder im Zusammenhang mit anderen Schemata. Es ist sowohl möglich, daß sie völlig unabhängig voneinander aktiviert werden, als auch, daß mehrere Schemata zur gleichen Zeit aktiviert sind.

Die Steuerung von Verhalten erfolgt durch die Selektion von Schemata innerhalb von zwei qualitativ verschiedenen Prozessen. Durch ‚contention scheduling' (C. S.) werden Routine-Selektionen von Schemata durchgeführt, die auf einfachen Regeln beruhen (z. B. Selektion durch Gebrauch der stärksten Trigger). Mehrere gut automatisierte Handlungen, z. B. gleichzeitiges Gehen und Sprechen, können durch C. S. gesteuert und mögliche Konflikte zwischen den einzelnen Handlungen durch das System geregelt werden. Wenn jedoch Änderungen der Handlungsstrategie vorzunehmen sind, z. B. weil eine Zielerreichung unerwarteterweise nicht gelang und aus diesem Grund Aktivitäten initiiert bzw. eingestellt werden müssen, ist wesentlich mehr Aufmerksamkeitskontrolle notwendig.

Zusätzlich zum beschriebenen Mechanismus tritt in diesem Fall das ‚Supervisory Attentional System' (S. A. S.) in Aktion. Mit Hilfe einer Planungs- oder Programmierungskomponente können durch dieses System nicht-routinisierte Selektionen durchgeführt werden. Die Planungssysteme des S. A. S. können auf Schemata in jedem Bereich einwirken.

Beim Frontalhirnsyndrom ist das S. A. S., welches eine Funktion des frontalen Kortex ist, außer Kraft gesetzt. Die Aktivierung neuer Handlungen und die Modulierung automatisierter Aktivitäten ist nicht mehr möglich.

Es kommt zu Perseverationen, wenn externale Auslösereize derart massiv ein Schema aktivieren, daß es unmöglich ist, das ausgewählte Schema zu verhindern. Bei nicht so starken externalen Triggern ist zur Sicherstellung der Selektion des geeigneten Schemas zusätzlicher

Input aus dem S. A. S. notwendig. Weil dieser ausbleibt, erreicht kein Schema Aktivationsniveau oder ein ungeeignetes Schema erreicht zufällig Dominanz, was auf der Verhaltensebene als Aspontaneität und Bewegungsarmut bzw. als Ablenkbarkeit beschrieben wurde.

4.2.8.2 ,Managerial knowledge units' (MKUs) nach Grafman

In seiner Funktionstheorie beschrieb Grafman (1989) „managerial knowledge units" (MKUs) als vorherrschende Typen von Informationseinheiten in den menschlichen Frontallappen. Diese Wissenseinheiten großen Umfangs zeichnen sich im Gegensatz zu weniger umfangreichen Repräsentationen (z. B. Wort- oder Regel-Repräsentationen) durch eine explizit chronologisch sequentielle Struktur aus. Ein MKU ist eine überlernte Sequenz von Ereignissen, die einen Anfang und ein Ende hat und automatisch abgerufen werden kann. ,Essen in einem Restaurant' oder ,die Schritte, die notwendig sind, um ein Bad zu nehmen', sind Beispiele für MKUs.

MKUs sind hierarchisch organisiert und reichen von abstrakten (allgemeinen) kontextfreien semantischen Einheiten über kontextabhängige (spezifische) semantische Einheiten zu episodischen (siehe Abbildung 6).

Das *allgemeine semantische MKU* für sequentielle Ereignisse stellt eine behaviorale Minimalstruktur für parallele Operationen spezifischer MKUs bereit. Das *kontext-abhängige semantische MKU* als abstrakte Repräsentation einer Anzahl variierender Episoden unter einer speziellen Überschrift stellt eine kontextuelle Verhaltensstruktur zur Verfügung, in der Gruppen von spezifischen episodischen MKUs operieren können.

Spezifische episodische MKUs repräsentieren Aktivitäten, die in einer bestimmten Art und Weise und in einer speziellen Umgebung durchgeführt werden. Eingebettet in diese Hierarchie von Wissenseinheiten sind Fähigkeiten und Regeln.

Die Knotenpunkte innerhalb des MKU (bei dem allgemeinen MKU für sequentielle Ereignisse z. B. Ziel der Person) sind durch Intervalle mit bestimmter zeitlicher Dauer voneinander getrennt und werden parallel zu anderen kognitiven Prozessen und Repräsentationen, z. B. visuell-räumlichem Wiedererkennen, Wort-Abruf oder einer unabhängigen Fähigkeit, wie der z. B. mit Messer und Gabel zu essen, aktiviert.

Bei Frontalhirnläsionen kommt es unabhängig von der Ebene der gestörten MKU-Hierarchie zu Defiziten der Aufmerksamkeit, der

Allgemeines semantisches MKU (für sequentielle Ereignisse) (I)

→• Beginn des MKU →• Einrichten (setting) →• Absicht der Person beginnt →• Reaktion der Person →• Ziel der Person →• Versuch der Person, das Ziel zu erreichen →• Ergebnis des Versuchs der Person →• Ende des MKU

Spezifisches semantisches MKU (für Essen im Restaurant) (II)

→• Zum Restaurant gehen →• Ankunft im Restaurant →• Begrüßung durch Ober →• Platz einnehmen und Karte bekommen →• Bestellen des Essens →• Essen →• Reaktion auf das Essen und Bezahlen der Rechnung →• Verlassen des Restaurants

Spezifisches episodisches MKU (für einen Besuch in Paris) (III)

→• Flug nach Paris →• Ankunft am Flughafen C. De Gaulle →• Begrüßung durch Freunde →• zum Hilton Hotel gebracht werden →• Besuch der Umgebung von Paris →• Kleidung einkaufen →• Mehr Wissen von Paris erwerben →• Verlassen von Paris

Abnormes MKU (Zusammenbruch der zeitlichen Ordnung) (IV)

→• Zum Restaurant gehen →• Ankunft im Restaurant →• Platz einnehmen und die Karte schnappen →• Begrüßung durch Ober →• Bestellen des Essens →• Essen →• Verlassen des Restaurants →• Verhaftung

Abb. 6. Das System der „managerial knowledge units" (MKUs) nach Grafman (1989). I, II und III stellen die MKU-Hierarchie dar. IV ist ein Beispiel für ein abnormes MKU.

zeitlichen Einteilung und der Transformation von Information. Im Gegensatz zur Komponente Fokussierung, die nur wenig beeinträchtigt ist, ist die Beibehaltung von Aufmerksamkeit betroffen, weil bei Schädigung des MKU-Systems die parallele, automatische Verarbeitung nichtrelevanter Information gestört ist. Einschätzungen der zeitlichen Dauer sind entweder im Zusammenhang mit Aufmerksamkeitsprozessen gestört oder MKUs, die die Fähigkeit zu automatischer Einschätzung besitzen, sind betroffen, ohne daß deren Wissensinhalte tangiert sind. Die Transformation von Information kann bei MKU-Zerstörung betroffen sein, was zu Defiziten beim Erkennen gegenwärtig nicht präsenter Konfigurationen oder Sichtweisen führt.

Spezifische Ebenen der MKU-Hierarchie können aufgrund unterschiedlicher fokal-frontaler Schädigung betroffen sein.

Die anfälligsten Wissenseinheiten sind die episodischen MKUs. Bei Zerstörung der Frontallappen kann der Zugang zu alten MKUs wie auch das Enkodieren von neuen beeinträchtigt sein. Bei Verfügbarkeit eines spezifischen semantischen MKU, z. B. Essen in einem Restaurant, sind bei fehlendem Zugang zu einem episodischen MKU, welches z. B. Imbißstube versus Feinschmeckerrestaurant anzeigt, automatische Verhaltensweisen, welche die auf der konkreten Einrichtung beruhende Angemessenheit leiten würden, nicht verfügbar. Zusätzlich können automatische Verhaltensweisen im Rahmen des Essens-MKU gestört sein, welche die Beibehaltung der Aufmerksamkeit, Einschätzung der Zeitdauer und Reihenfolgen betreffen (siehe Abbildung 6).

Als abstraktere oder kontext-freiere Repräsentationen sind spezifische semantische MKUs weniger anfällig für Störungen als kontextabhängige, wie z. B. ‚essen in einem speziellen Restaurant', weil sie weniger häufig aktiviert werden. Bei ihrem Zusammenbruch ist die Fähigkeit, sich in Raum und Zeit zu orientieren und die Bedeutung von Ereignisserien zu verstehen, stark beeinträchtigt. Am Beispiel verdeutlicht: Bei erhaltener Fähigkeit, die Prozedur des Essens durchzuführen, wäre der Rückruf von Wissen oder Verhaltensweisen im Restaurant gestört, was bei zugänglichem episodischen MKU in einem häufig frequentierten Restaurant kompensiert werden könnte.

Eine ausgedehnte frontale Dysfunktion zerstört das generelle semantische MKU. Unter den meisten Umständen wären die Personen desorientiert. Ob diese Ebene der MKU-Hierarchie unabhängig von den anderen gestört werden kann, ist unklar. Wenn nur diese Ebene geschädigt ist, kommt es nur bei neuen Ereignissen, für die aus

Gründen der Orientierung der abstrakteste Rahmen notwendig ist, zu Defiziten.

Bei Persönlichkeitsstörungen nach orbito-frontalen Läsionen sind MKU's geschädigt, die soziale Regeln betreffen und überlernte soziale Schemata repräsentieren, die angemessene, auf den Kontext bezogene interpersonale Verhaltensweisen ermöglichen. Die sozialen MKUs verfügen über soziale Regeln, die vom MKU selbst zu trennen sind. Ein MKU repräsentiert z. B. die Reihenfolge des Verhaltens, das bei einer Beerdigung gezeigt wird. Die spezifische soziale Regel „Man lacht nicht laut auf Beerdigungen" könnte bei einer Person mit Frontalhirnschädigung zur Folge haben, daß sie bis auf unangemessenes lautes Gelächter auf der Beerdigung normales Verhalten zeigt.

4.3 Diskussion frontaler Funktionstheorien

In der besprochenen Literatur wurde am breitesten die Theorie Lurias rezipiert.

Jouandet und Gazzaniga (1979, 54) beschrieben im ‚Handbook of Behavioral Neurobiology' als Beitrag des Frontalhirns zu „den grenzenlosen analytischen geistigen Fähigkeiten der menschlichen Psyche" die profunde Beherrschung der vierten Dimension, der Zeit. Als Nachteil der Theorien von Luria und Pribram wurde der anekdotische, qualitative Charakter der Fallberichte bezeichnet. Eine experimentelle Studie, aus der Drewe (1975) Argumente gegen Lurias Theorie der verbalen Regulation von Verhalten zog, wurde aus methodologischen Gründen als reduktionistisch zurückgewiesen.

Hécaen und Albert (1978) kritisierten, ohne den inneren Wert der Untersuchungstechniken und der interpretativen Analysen zu reduzieren, das ‚klinische Material', das Luria für seine Studien und die Entwicklung seiner Theorie gebrauchte. Eine Vielzahl seiner Beobachtungen basiert auf Fällen mit massiven frontalen Tumoren, die sich wohl auch auf Gebiete außerhalb der Frontallappen erstreckten. Das klinische Bild veränderte ein angestiegener intrakranieller Druck, den viele seiner Patienten gehabt haben müssen. Perseveration, die viele der behavioralen Abnormalitäten erklären könnte und eine bedeutende Rolle bei Lurias Patienten spielte, könnte auch von nichtfrontalen Läsionen herrühren. Vergleichsstudien mit nichtfrontal geschädigten Hirnverletzten oder normalen Kontrollgruppen wurden nicht durchgeführt. Methodologisch schlugen Hécaen und Albert eine systematische Untersuchung einer größeren Gruppe von Probanden mit einer standardisierten Testbatterie vor, um Theorien der Frontalhirnfunktion zu validieren.

Stuss und Benson (1986) hoben Lurias Theorie der frontalen Funktion als die vollständigste und hinsichtlich der Betonung der integrativen, hierarchischen Rolle der Frontallappen gegenüber anderen Einheiten des Gehirns als bedeutend hervor. Sie kritisierten, daß Gehirnfunktionen, bei denen die Frontallappen bedeutend sind, nicht mit lokalisierten frontalen Funktionen in Beziehung gesetzt wurden und die Beschreibungen, obwohl sie klinisch akkurat sind, allgemein bleiben.

Fuster (1980) hob Lurias Beschreibung der Störungen der synthetischen Funktionen bei präfrontaler Pathologie hervor. Als Verdienst der Theorie Teubers sah Fuster (1980) die Betonung der Rolle des präfrontalen Kortex bei der Antizipation von Ereignissen und bei der kontinuierlichen Interaktion zwischen Wahrnehmung und Verhalten.

Shallice (1982) hat für die Neuropsychologie der Planung methodologische Schwierigkeiten festgestellt und an seiner eigenen Theorie kritisiert, daß sie das Verhältnis von Sprache und Planung nicht diskutiert und wie ein Echo klassischer Sichtweisen von Beeinträchtigungen höherer mentaler Funktionen wirkt, aber konzeptionell eine angemessene Verankerung bietet.

Grafman (1989) hob an dem Modell von Shallice hervor, daß es gut mit behavioralen Beobachtungen an Patienten mit frontalen Läsionen zusammenpaßt. Er kritisierte den Mangel einer klaren strukturellen Beschreibung der Information, die aktuell repräsentiert ist – dem sogenannten Schema. Durch die Beschreibung des Schemas hat Grafman versucht, die Situationen zu definieren, die Personen mit frontalen Läsionen Probleme bereiten.

Browns Theorie ist von Grafman (1989) als eine der wenigen bedeutenden besonders hervorgehoben worden. Bezugnehmend auf Browns Handbuchartikel (1985a) kritisierte er allerdings, daß bei hauptsächlicher Ausrichtung auf motorisches Verhalten die Variabilität von Defiziten nach präfrontalen Läsionen nicht vorhersagbar ist. Dem muß entgegengehalten werden, daß Brown (1987, 1988) neben motorischen Defiziten durchaus auch Beeinträchtigungen anderer Ebenen wie Sprache und Affekt, die sich mit der Handlungsentwicklung verändern, beschrieben hat.

Eine wichtige und interessante Frage fällt bei einem Vergleich der Theorien Lurias und Browns auf und läßt die Theorien widersprüchlich erscheinen. Luria hat antizipatorische, bewußte Repräsentationen von Zielen als handlungsleitend herausgestellt und die direktive Funktion der Sprache betont. In mikrogenetischer Sicht entwickeln sich der Wille, eine Handlung durchzuführen und das Gefühl des Tätig-Seins erst nach einer Phase der Initiierung mit der Entfaltung der Handlung.

5. Diagnostik

5.1 Diagnostische Verfahrensweisen

Nach frontalen Läsionen treten spezifische Veränderungen im Verhalten auf. Zur diagnostischen Aufdeckung dieser Veränderungen wurden zwei unterschiedliche Untersuchungstraditionen entwickelt. Die eine Tradition (z. B. Milner 1963, 1964; Reitan & Davison 1974; Wang 1987), versucht durch speziell entwickelte bzw. noch zu entwickelnde Tests Veränderungen, die durch frontale Läsionen hervorgerufen sind, zu erfassen. Neben Tests, die Frontalhirnfunktionen abbilden sollen, werden aber auch Funktionen geprüft, die mit posterioren Läsionen verbunden sind, weil bei ausschließlicher Anwendung sogenannter „frontaler Tests" eine Beeinträchtigung auch von diffuser Pathologie herrühren könnte. Als bester neuropsychologischer Beweis für eine frontale Funktionsstörung wird nach Kandel und Freed (1989) der Fall angenommen, wenn bei einem Vergleich frontaler und posteriorer Tests die Versuchsperson in frontalen Tests signifikant mehr beeinträchtigt ist („double dissociation of function"). Es handelt sich jedoch strenggenommen nur um eine einfache Dissoziation. Die ‚doppelte Dissoziation' ist ein experimentelles neurospychologisches Paradigma, das für eine Gruppenstudie zutrifft und Beweise für unterschiedliche funktionelle Systeme liefert: Sie ist erfüllt, wenn eine bestimmte Gehirnverletzung bei einer Person, die in einer Aufgabe (A) Beeinträchtigungen und in einer Aufgabe (B) keine Beeinträchtigungen verursacht, wobei gleichzeitig eine anders lokalisierte Gehirnverletzung bei einer anderen Person das umgekehrte Ergebnis bringt: eine Beeinträchtigung in Aufgabe (B) bei gelungener Durchführung von (A) (Jones 1983). Bei der Untersuchung einer einzelnen Person wird folglich aufgrund des Wissens um eine doppelte Dissoziation bei Versagen in Test A und gelungener Durchführung von Test B z. B. eine frontale Läsion angenommen, wobei Test B eine diffuse Gehirnläsion kontrollieren soll. Welche

Kosequenzen werden gezogen, wenn in Tests A und B Beeinträchtigungen auftreten? Liegen in diesem Fall multiple Läsionen (frontale und posteriore) vor, liegt der Herd posterior und verursacht frontale Dysfunktionen, oder liegt eine diffuse cerebrale Dysfunktion vor? Goldberg und Bilder (1987) betonten, daß jede diffuse, ausgedehntere Dysfunktion des Gehirns exekutive Funktionen stört, bevor sie andere Funktionen beeinträchtigt.

Qualitative Beobachtungen, d. h. verschiedene Auffälligkeiten während der Untersuchung können zwar separat vermerkt, aber nicht systematisch in den Untersuchungsbefund integriert werden. Auffälligkeiten, von denen einige von frontalen Läsionen herrühren können, müssen Bestandteil des Testergebnisses sein, um verwertet werden zu können (zumindest nach der Logik der Psychometrie).

Die zweite Tradition (z. B. Luria 1970; Goldberg & Costa 1986; Christensen 1986; Christensen, Pinner & Rosenberg 1988), die augenscheinlich besser in eine förderdiagnostische, rehabilitative Perspektive paßt, versucht neben der strukturellen Erfassung des Neurostatus, der die Beschreibung veränderter (pathologischer) wie erhaltengebliebener Funktionen umfaßt, durch Variation der Untersuchungsbedingungen Kompensationsmöglichkeiten zu ermitteln und zu prüfen. Auf diese Weise können Bedingungen, unter denen Fähigkeiten erhalten oder Ausfälle erkennbar sind, genauer differenziert werden. Das Ziel ist eine vollständige und genaue Beschreibung der untersuchten Störung. Alle bekannten Funktionen werden mit Hilfe von orientierenden Proben, die weitgehend standardisiert angewendet werden können, geprüft. Hypothesengeleitet werden Defizite genauer untersucht. Diese Art der Untersuchung, eine experimentelle variable Diagnostik, ist von Luria (1970) angewandt worden. Die Frage, ob diese diagnostische Vorgehensweise Schwierigkeiten hat, minimale Defizite aufzuzeigen, kann hier nur angemerkt werden. Sicher ist, daß sie nur von erfahrenen Fachleuten durchgeführt werden kann. Bei Weiterentwicklung neuropsychologischer Theorie scheint die Untersuchung hirngeschädigter Personen mit fertigen Papier- und Bleistift-Tests kaum eine Zukunft zu haben, weil sie zu aufwendig ist. Nach dieser Methodik müßten Personen mit multiplen Defiziten zahllose Tests vorgelegt werden.

Im folgenden werden die diagnostischen Vorgehensweisen genauer beschrieben.

5.2 Standardisierte Testuntersuchung frontaler Funktionen

Die weitaus gebräuchlichsten und anerkanntesten standardisierten Tests der Frontalhirnfunktion sind der Wisconsin Card Sorting Test (WCST), Labyrinthtests und Tests der Wortgeläufigkeit (Kandel & Freed 1989).

Im folgenden werden die Untersuchungspläne von Beaumont (1987) und Cramon (1988) dargestellt und die wichtigsten Testverfahren beschrieben. Beaumont hat bei Verdacht auf eine frontale Läsion folgenden Untersuchungsplan aufgestellt:

Funktionsbereich	Tests
Begriffs- und Abstraktions-vermögen	WCST, Halstead Category Test (HCT), Color-Form-Sorting-Test, Milan-Sorting-Test
Planung und integrierte Ausführung komplexer Handlungen	Porteous Labyrinthe, Trail-Making-Test, Rechenaufgaben
‚frontale' Aspekte von Sprachfunktionen	Test zur verbalen Flüssigkeit

Cramon (1988) stellte aus der klinischen Literatur folgende Tests zusammen:

Funktionsbereich	Tests
Konzeptbildung/ Kategorisierung	Booklet Category Test; Weigl-Test; Leistungs-Prüf-System (L-P-S), Subtests Denkfähigkeit, Worteinfall; Intelligenz-Struktur-Test (IST 70), Subtests Wortauswahl und Gemeinsamkeiten
Wechsel von Kategorien (Umstellfähigkeit)	WCST
Ordnen vorgegebener, sequenzierter Handlungs-abläufe	Bilderordnen im HAWIE
schlußfolgerndes Denken	IST 70, Subtest Analogien
prozeßorientiertes Problemlösen	Turm von Hanoi, Turm von London, Porteous-Labyrinthe

Der WCST stellt eine Sortieraufgabe dar, die von Grant und Berg entwickelt wurde und in der Bearbeitung von Milner (1963, 1964) Verbreitung fand. Es ist gefordert, Antwortkarten, die sich in Farbe, Form und Anzahl unterscheiden, vier Stimuluskarten, die in den gleichen Dimensionen variieren, zuzuordnen. Das Ordnungsprinzip, nach einer der 3 Dimensionen zu sortieren, wird vom Untersucher festgelegt und muß zu Beginn und in jeder folgenden Sequenz durch „trial and error" herausgefunden werden. Nach zehn aufeinanderfolgenden korrekten Antworten verändert der Versuchsleiter ohne Vorwarnung das Sortierprinzip und teilt falsche Antworten mit. Das Verfahren wird auf diese Art und Weise fortgeführt bis entweder zu sechs Ordnungskategorien erfolgreich zugeordnet wurde oder alle 128 Karten placiert wurden.

Milner (1963) hatte sich zur Anwendung des WCST veranlaßt gesehen, weil Defizite nach Frontalhirnläsionen sich durch herkömmliche IQ-Tests nicht zeigen ließen. Sie hob hervor, daß mit Hilfe des WCST Sortierverhalten und Perseveration quantitativ gemessen werden konnten.

In einer Untersuchung mit dem WCST stellte Milner (1963) fest, daß die Fähigkeit, von einem Lösungsmodus zu einem anderen zu wechseln, bei frontal Hirngeschädigten mehr beeinträchtigt war als bei Personen mit posterioren Läsionen. Die Gruppe der Personen mit dorsolateral-frontalen Läsionen war durchgängig beeinträchtigt, die Leistungen der Personen mit inferioren und orbitalen Läsionen waren nicht signifikant verschlechtert.

Robinson et al. (1980) bestätigten das Ergebnis Milners, daß frontale Gruppen signifikant stärker beeinträchtigt waren als nicht-frontale und schätzten den WCST als brauchbares Mittel ein, um frontale von nicht-frontalen Läsionen zu unterscheiden, obwohl die frontale Gruppe durch perseverative Antworten nicht schwerer beeinträchtigt war als eine Gruppe mit diffuser Hirnschädigung. Unterschiede zwischen links- und rechtsfrontalen Gruppen konnten nicht nachgewiesen werden.

Die Wortflüssigkeit ist mit zwei Tests untersucht worden. Der ‚Word Fluency Test' von Thurstone fordert, in fünf Minuten so viele Wörter wie möglich niederzuschreiben, die mit dem Buchstaben ‚S' beginnen und nachfolgend in vier Minuten Wörter, die mit C beginnen und vier Buchstaben haben. Milner (1964) fand heraus, daß Personen mit linksfrontalen Läsionen gegenüber Personen mit rechtsfrontalen oder temporalen Schädigungen bei gleichem IQ-Mittelwert signifikant stärker beeinträchtigt waren.

Beim ‚Benton Word Fluency Test' wird die Aufgabe gestellt, so viele
Wörter wie möglich mit den Anfangsbuchstaben F, A und S in jeweils
einer Minute zu nennen. Namen oder andere Wörter, die mit großem
Anfangsbuchstaben beginnen, werden ebenso wie Wörter mit gleichem
Stamm, die nur verschiedene Endungen haben, nicht akzeptiert. Benton
(zitiert nach Walsh 1978) fand heraus, daß Personen mit linksfrontalen
bzw. bilateralen Läsionen gegenüber rechtsfrontalen schlechter abschnei-
den. Interpretiert wurde dieses Defizit als nicht-aphasischer, allgemeiner
Sprachverlust auf höherer Ebene, weil die Beeinträchtigung sich sowohl
beim Sprechen als auch beim Schreiben zeigte (beide Modalitäten).

Perret (1974) versuchte das Konzept des Kontrollverlustes von
Hemmung zu untersuchen und benutzte den ‚Word Fluency Test' von
Thurstone, wobei er die motorisch beeinträchtigten Patienten bat, die
Wörter nur zu nennen. Zusätzlich benutzte er eine modifizierte Form
des Stroop-Tests. Dieser Farbe-Wort-Interferenztest besteht aus drei
Untertests. Der größte Konflikt wird erzeugt, wenn von der Versuchsperson gefordert wird, die Farbe von 100 Items zu benennen,
die aus Farbwörtern bestehen, bei denen gedruckte Wortfarbe und
Wortinhalt nicht übereinstimmen (Wolfram et al. 1986). Das Defizit
der Wortflüssigkeit nach linksfrontalen Läsionen, von dem andere
Untersuchungen schon berichteten, wurde auch hier bestätigt (Perret
1974). Die erfolgreiche Durchführung des Word Fluency Tests erfordert weniger die Fähigkeit, Wörter zu finden, sondern die Unterdrückung der Gewohnheit, Wörter nach ihrer Bedeutung zu gebrauchen, was als Unterstützung der Hypothese angesehen wurde, daß die
Frontallappen eine bedeutende Rolle bei der Anpassung von Verhalten an ungewöhnliche Situationen spielen.

Mit Labyrinth-Tests ist in verschiedenen Versionen gearbeitet worden. Mit Papiervorlagen versuchte Porteous (zitiert nach Walsh 1978)
Planungsverhalten zu erforschen. Milner (1964, 1965) hat ein Gerät
benutzt, welches das Verhalten im Labyrinthtest registriert. Die untersuchte Person soll den korrekten Weg vom Start zum Ziel durch trial
and error lernen. Ein Fehler wird auditiv rückgemeldet. Drei aufein-
anderfolgende fehlerlose Durchgänge beenden die Untersuchung.
Patienten mit bilateralen hippocampalen Läsionen waren am stärksten
beeinträchtigt. Personen mit frontalen Läsionen zeigten ähnliche
Ergebnisse wie Personen mit links-temporalen bzw. rechts-posterio-
ren Läsionen. Lediglich aus dem Umgang mit den Testinstruktionen
konnten Unterschiede festgestellt werden. Es waren fast ausschließlich Frontalhirngeschädigte, die Regelverletzungen zeigten. Ebenso
unterliefen ihnen signifikant mehr Wiederholungsfehler.

Beim Halstead Category Test (HCT) werden 208 Stimulusfiguren in sieben Gruppen von Bildern dargeboten (Reitan & Davidson 1974). Jede Gruppe verfügt über ein eigenes Prinzip, das der Untersuchte mit Hilfe auditiver Rückmeldung herausfinden muß. Als Antwortmöglichkeiten stehen vier durchnumerierte Hebel zur Verfügung, die die Rückmeldung auslösen. In Gruppe zwei bestimmt z. B. die Anzahl der auf dem Bild befindlichen Items die Nummer des Hebels, der zu drücken ist. Der Untersucher kündigt das Ende jeder Gruppe an. Reitan & Davidson bezeichneten den HCT als ziemlich komplexen Begriffsbildungstest, der bedeutende Fähigkeiten im Auffinden von Ähnlichkeiten und Unterschieden im Stimulusmaterial erfordert. In einem strukturierten und nicht in einem freien Kontext werden in diesem Lernexperiment besondere Abstraktionsleistungen geprüft.

Wang (1987) entwickelte den ‚Modified Vygotsky Concept Formation Test' (MVCFT), der Begriffsbildung und abweichendes Denken prüft. Der Test besteht aus 22 hölzernen Bausteinen, die in Farbe, Aussehen, Höhe und Umfang variieren. Die Versuchsperson wird aufgefordert, zu bestimmten Stücken, z. B. einem kleinen blauen Dreieck, alle anderen Teile zuzuordnen, die in die gleichen Gruppen gehören. Durch Protokollierung der Wahlentscheidungen können Fehlertypen wie Zufallswahl, die Unfähigkeit, das Konzept zu generalisieren oder Perseveration bei einem spezifischen physikalischen Merkmal der Bausteine quantifiziert werden. Bei einer Untersuchung mit dem MVCFT stellte Wang (1987) fest, daß die Gruppe der frontal geschädigten Personen bedeutend stärker beeinträchtigt war als eine Gruppe von Personen mit posterioren Läsionen, die Gruppe der linksfrontalen mit wenig besseren Leistungen als die rechtsfrontalen. Personen mit diffusen Läsionen zeigten schlechtere Leistungen als unilateral geschädigte.

Zusammenfassend stellte Wang fest, daß der MVCFT für frontale Dysfunktionen sensitiv ist, die Testleistungen aber auch bei Störungen der allgemeinen zerebralen Funktionen betroffen sind.

Mit der Kritik gegenwärtiger Tests hat Wang (1987) ein Rahmenkonzept für einen effektiven Test der Frontalhirnfunktion vorgeschlagen. Weil nach frontalen Läsionen Leistungen in Intelligenztests nur wenig verschlechtert sind, darf ein Test nicht besondere Fähigkeiten des Schlußfolgerns ('eduction') erfordern, worunter der Prozeß des Generierens angemessener und verschiedener Lösungen, der auf begrenzten, aber impliziten Informationen beruht, verstanden wird, denn diese Fähigkeit korreliert sehr hoch mit Intelligenztestleistungen. MVCFT, WCST und HCT messen nicht begriffliche Sequenzierung (,conceptual sequencing'), die im Gegensatz zu perzeptueller oder räumlicher Sequenzierung mit frontalen Funktionen verbunden ist. Ein idealer Test stellt Anforderungen an begriffliche Sequenzierung und ist sensitiv für veränderte frontale Funktionen, reagiert aber wenig auf gesamtzerebrale Schädigung.

Konkretisiert sollte ein effektiver Test folgende Anforderungen erfüllen:

1. Einfaches Schlußfolgern und niedrige Intelligenzanforderungen;
2. begrifflich-sequentielle Operationen;
3 Beibehaltung von Regeln wie auch Strategiewechsel als Antwort auf relevante externe Signale;
4. Verwertung von Informationen über Fehler und Aufnehmen der Information, um den Handlungskurs anzupassen.

Wang (1987) hat eine Aufgabe konstruiert, die diese Anforderungen erfüllt. Die Versuchsperson muß herausfinden, ob der Untersucher einen Gegenstand in seiner linken oder rechten Hand versteckt hält. Der Gegenstand wird nach einer vorherbestimmten Sequenz von Dreierfolgen (z. B. linke Hand, linke Hand, rechte Hand L-L-R) versteckt. Nach drei erfolgreichen Durchführungen wird ohne Vorwarnung eine neue Folge eingerichtet. Nach vier Sequenzen mit je zwanzig Dreierfolgen ist die Aufgabe beendet. Als Anlaß für Überlegungen zur Modifikation nahm Wang die Kritikpunkte der Ambiguität der Instruktion, hohe Anforderungen an das Kurzzeitgedächtnis und mögliche Wahrnehmungsschwierigkeiten bei Rechts-Links-Unterscheidungen.

5.3 Verhaltensbeobachtungen

Im Rahmen der Untersuchung von Patienten wurde von mannigfaltigen Beobachtungen berichtet, die mit frontalen Dysfunktionen in Beziehung gesetzt wurden. Die eindringlichste Wahrnehmung ist eine Aufmerksamkeitsstörung, die von der ersten Untersuchung an wahrnehmbar ist (Hécaen & Albert 1978). Fragen müssen mehrmals wiederholt werden, um eine Antwort zu erhalten. Der Patient braucht andauernd eine Stimulierung durch eine ständige Wiederholung des Ausgangsprinzips für die Systematisierung des Materials durch den Versuchsleiter (Luria 1970). Die Personen können sich Ereignisse, deren Wissen sie gerade verneint haben, ins Gedächtnis zurückrufen, wenn man ihnen ausreichend Zeit gibt oder sie genügend drängt und beharrlich auf die Beantwortung der Frage insistiert. Wenn die Person eine Lösung nicht sofort findet, weiß sie, daß es keine gibt (Ackerly & Benton 1948/1966). Ein Versagen wird damit erklärt, daß das Problem unlösbar ist. Bei einer Exploration muß der Untersucher einschätzen, ob die Person die Frage tatsächlich beantworten kann und neben einem Konzept für die Befragung muß er kontinuierlich Aufmerksamkeitsprozesse der Person lenken und sie beeinflussen, daß sie sich der Beantwortung der Frage zuwendet. Dies stellt gegenüber ,normalen', dialogischen Kommunikationen, bei der beide Partner für das Gelingen des Gesprächs sorgen, erhöhte Anforderungen an metakognitive Fähigkeiten (exekutive Funktionen) des Untersuchers, d. h. ein bedeutender Teil seiner Denkarbeit ist mit Strukturierungsarbeit befaßt und von Inhaltlichem abgezogen. Die erhöhte Aktivierung exekutiver Funktionen auf seiten des Untersuchers als Reaktion auf eine verringerte der untersuchten Person kann auf eine frontale Dysfunktion verweisen. Der Untersucher kann die Situation dann als anstrengend erleben, wobei die Anstrengung aus den soeben beschriebenen erhöhten Anforderungen resultiert und mit neutralen Gefühlen verbunden ist.

Als erste Anzeichen und als subtile Störungen, die von frontalen Läsionen herrühren können, nannten Lhermitte et al. (1986) Imitationsverhalten und ,utilization behavior' (siehe dazu Kapitel 3.1).

Im folgenden werden Beobachtungen dargestellt, die klinische Neuropsychologen eines Rehabilitationszentrums in Gutachten zum Ausdruck brachten:

– Bei Tests werden sämtliche Anweisungen hinterfragt.
– Auf Testanforderungen wird mit Scherzen und Witzeleien geantwortet.
– Aufgaben, die selbst bewältigt werden können, werden nicht ohne Aufforderung oder Anleitung durchgeführt.
– Als qualitative Besonderheiten der Aufgabendurchführung wurden unwillkürliches Imitationsverhalten, Perseverationsneigung und spontan-unkontrolliertes Vorgehen genannt.
– Sprachlich wurden stereotype Wortwiederholungen und echolalische Wiederholungen von Anweisungen berichtet.
– Stereotype Erklärungen sind durch freundlich bestimmte Ansprache gut zu unterbrechen.

Prosiegel (1988) hat einigen Patienten mit ,Frontalhirnschädigung' als charakteristische Sprechweise einen weitschweifigen Stil, gesteigerten Rededrang und eine Unfähigkeit, zum Kern der Sache zu kommen, wobei knapp das Wesentliche verfehlt wird, zugeschrieben. Obwohl es sehr sinnvoll ist, diese nicht-aphasischen Sprachstörungen zu erforschen und sie in Beziehung zu setzen zu frontaler Dysfunktion, verbinden die von Prosiegel angeführten Autoren (Prigatano et al. 1986; Milton & Wertz 1986) die sprachlichen Besonderheiten nicht mit frontaler Dysfunktion. Lediglich in einem Beispielfall von Milton und Wertz (1986) wird neben bilateral-temporaler auch von links-frontaler Beteiligung nach einer traumatischen Hirnverletzung berichtet.

Greitemann (1988) berichtete von Veränderungen des Sprachverhaltens nach frontalen Läsionen, bei denen keine sprachsystematischen Abweichungen von der Standardsprache auftreten. Das Gesprächsthema wird oft gewechselt und zum Ausgangsthema erst nach mehreren Exkursen zurückgekehrt. Personen mit frontalen Läsionen benutzen Pronomina, deren Bedeutung der Dialogpartner nicht erschließen kann, weil ein Bezug nicht in ausreichender Weise hergestellt wurde. Stilistische Veränderungen können eine „geschraubte" Sprache hervorbringen, bei der komplexere Sätze und mehr Fremdwörter verwandt werden. Mit frontodorsalen Gewebsläsionen wurde eine Störung der Sprachinitiierung (Adynamie) verbunden.

5.4 Evaluation frontaler Funktionen im Rahmen der Syndromanalyse

Luria (1970) sah als Hauptaufgabe der Diagnostik bei lokalen Hirnschädigungen die Erfassung der Grundstörung und die Ableitung sekundärer Störungen, die aus der Grundstörung resultieren. Das Gesamt der Störungen ist einem Syndrom zuzuordnen, welches durch das Verfahren der Syndromanalyse (Luria 1970,368) zu ermitteln ist. In drei Untersuchungsetappen werden die beobachteten Symptome in qualitativer (struktureller) Hinsicht analysiert. Durch orientierende Proben werden einige gestörte wie auch ungestörte Seiten der psychischen Tätigkeit ermittelt. In der zweiten selektiven und individualisierten Untersuchungsetappe findet eine vertiefte Evaluation der psychischen Prozesse statt, in der bestimmte Defekte gefunden werden. Die Grundstörung wird bezüglich ihres Ausprägungsgrades bei verschiedenen Tätigkeiten des Patienten analysiert und als Basis eines bestimmten Syndroms bestimmt. Die Analyse erfolgt, indem ein Faktum mit allen anderen Fakten in Bezug gesetzt wird. Die neuropsychologische Schlußfolgerung führt zur Ermittlung der Grundstörung und zur Beschreibung der Erscheinungsweisen der Grundstörung in den verschiedenen Arten der psychischen Tätigkeit. Auf diese Weise ist die Lokalisation zu bestimmen und gesamtzerebrale Faktoren, die immer auch bei Herdschädigungen auftreten, sind einzuordnen.

Nach Luria (1970) ist eines der eindeutigsten Symptome für frontale Schädigung die fehlende Einsicht in die eigenen Störungen. Die Personen sind sich ihrer Defekte nicht bewußt, äußern selbständig kaum Beschwerden und sind weder dazu in der Lage, Motive für die Aufnahme in das Krankenhaus zu nennen, noch ihre Krankengeschichte zusammenhängend zu berichten. Im Gegensatz zu Personen mit geschädigten hinteren Hirnabschnitten, die ihren Defekt sofort bemerken, registrieren frontalhirngeschädigte Personen nicht einmal grundlegende Verhaltensänderungen, während die Umgebung einen weitgehenden Persönlichkeitszerfall feststellt. Angaben des Patienten über Persönlichkeits- und Verhaltensänderungen bzw. Veränderungen der Affektivität sind durch Befragung von Bezugspersonen zu klären. Die Divergenz zwischen der geringen Information über Persönlichkeitsänderungen, die der Patient beisteuert und die vielfachen objektiven Belege sind ein besonders wertvolles Symptom, das auf eine Schädigung der Frontallappen hinweist.

Charakteristisch für frontale Verletzungen ist ein leichtes Umschlagen des emotionalen Zustandes in einen anderen, ohne daß bedeutende Erlebnisse dafür verantwortlich gemacht werden können. Die Reaktionen des Patienten auf konkrete Fragen, die ihn beunruhigen müssen, z. B. nach der weiteren Arbeitsfähigkeit, sind bedeutend für die Beurteilung der Affektivität und der kritischen Einstellung zur Krankheit.

Fremdanamnestische Angaben, daß die Person z. B. ,reizbar geworden ist' oder ,sich nicht beherrschen kann' können nicht zu der Schädigung eines bestimmten kortikalen Systems in Beziehung gesetzt werden, sondern sind als Reaktion des Patienten auf seine Krankheit eine eher positive Erscheinung, die von intakter Krankeneinsicht zeugt. Gehemmtheit und Gleichgültigkeit weisen auf eine Schädigung der vorderen Hirnabschnitte hin und sind Anzeichen für das akinetisch-abulische Syndrom, wenn eine spezielle Erklärung für die Beschwerden, gesamtzerebrale Erscheinungen und eine allgemeine Reaktion auf die Krankheit auszuschließen ist.

Bei Patienten mit dienzephalen bzw. fronto-dienzephalen Läsionen liegt eine echte (primäre) Störung der Orientierung in Raum und Zeit vor, bei Personen mit geschädigten Frontallappen führt eine sekundäre Störung dazu, daß die richtige Antwort durch ein träges Stereotyp ersetzt wird. Bei Schädigung der vorderen Hirnabschnitte tritt ein Vergessen von Absichten auf. Unhemmbare Bewegungsautomatismen, unmotivierte Impulshandlungen, Zwangsbewegungen und andere Automatismen können durch eine Schädigung der vorderen Hirnabschnitte bedingt sein.

Charakteristisch für eine Schädigung der Frontallappen sind desweiteren echopraktische Verhaltensweisen, die auf Passivität hinweisen: Der Gesichtsausdruck des Untersuchers wird reproduziert, die Intonation nachgeahmt und Fragen werden echolalisch wiederholt, bevor die eigentliche Antwort gegeben wird. Euphorie ist nicht nur das Ergebnis einer schweren emotionalen Störung, sondern auch als echolalische Antwort auf die Art und Weise, wie der Untersucher das Gespräch führt, zu verstehen.

5.5 Diagnostik im lebensweltlichen Kontext

Im folgenden soll die Frage behandelt werden, ob zu anderen diagnostischen Mitteln gegriffen werden soll, die über die psychologische Untersuchung, deren setting vom Untersucher bestimmt wird, hinausgehen. Gibt es Hinweise dafür, daß eine systematische Beobachtung der Person in ihrer Lebenswelt bzw. ihrem Alltag (ökologische Perspektive) notwendig ist? Eine Erweiterung stellen Nachfragen gegenüber Bezugspersonen dar, die Auskunft über Persönlichkeitsveränderungen betreffen. Luria (1970) hat diese Notwendigkeit betont, weil eine Einsicht in die eigenen Störungen fehlt. Lezak (1982) bemerkte zu diesem Punkt, daß Patienten mit beeinträchtigten exekutiven Funktionen in der Untersuchungssituation zwar lebhaft von Hobbies berichten, aber weitere Nachfragen ergeben, daß sie diese Tätigkeiten schon vor längerer Zeit das letzte Mal ausgeführt haben. Daß Angaben über Aktivitäten normal klingen und sich in der Realität ganz anders darstellen, machte Lezak an einem weiteren Beispiel klar. Ein Mann berichtete, daß er an den Tagen, an denen seine Frau arbeitet, das Abendessen zubereitet und einkaufen geht. Erst eine Nachfrage bei seiner Frau legte offen, daß der Mann die Frau bei den Einkäufen nur begleitete und er immer das gleiche Essen, genau in der Art und Weise, wie sie es ihn gelehrt hatte, zubereitete. Wenn Personen mit exekutiven Defiziten ihre Routinetätigkeiten vollzogen haben, handeln sie wenig zielgerichtet, sondern sitzen vornehmlich vor dem Fernseher oder gehen ziellos umher. Der Wert von Angaben

von Bezugspersonen hängt von deren Fähigkeit ab, bestimmte Vor-
gänge zu beschreiben. Die Angaben können desweiteren von bestimmten eigenen Interessen bzw. Problemen überformt sein.

Sorrentino (1988) hat eindringlich dysfunktionale Familienstruktu-
ren (bzw. anderer Systeme) als Hindernisse für ein Fortschreiten der
Rehabilitation beschrieben.

Inaktivität und mangelnde Eigeninitiative, die sich in der standardisierten Untersuchungssituation nur andeuten, sind in einer rehabili-
tationspsychologischen Perspektive in der Lebenswelt des Patienten
weiter zu evaluieren. Diagnostik im Hinblick auf Rehabilitation hat
sich auf die eingeschränkte Selbst-Reflexivität des Patienten einzu-
stellen. Lediglich die Verifikation konkreter Probleme und konkreter
Bedürfnisse eröffnet grundlegende Entwicklungsmöglichkeiten.

Dieser tätigkeitstheoretische Zugang zur Rehabilitation soll im
nächsten Kapitel weiter dargestellt werden.

6. Rehabilitation bei Frontalhirnsyndrom

Wiederherstellungen von Funktionsstörungen nach Hirnschädigungen weisen eine große Variabilität in ihrem Ausmaß und ihrem zeitlichen Verlauf auf. Als Interventionsmethoden, die den Prozeß der ‚recovery of function' unterstützen, sind pharmakologische Behandlung und Training genannt worden. Glick und Zimmerberg (1978) wiesen auf eine veränderte (Hyper- und Hypo-) Sensitivität für Drogen nach frontalen kortikalen Läsionen hin. Lahmeyer (1982) stellte bei der präoperativen Amphetamin-Behandlung einer Patientin, bei der bifrontal Meningiome festgestellt wurden, bedeutende Verbesserungen der Stimmung und der Sprache fest. In einer Fallstudie von fünf Personen mit kombinierten psychiatrischen Störungen und evidenter Frontalhirnerkrankung waren nach Therapie mit Carbamazepin besonders Verbesserungen der affektiven Labilität zu verzeichnen (Mc Allister 1985).

Forschungen mit medikamentösen Behandlungen sind wenig systematisch betrieben worden und Autoren verwiesen auf den anekdotischen Charakter ihrer Fallbeschreibungen und die Notwendigkeit weiterer Untersuchungen. Der Optimismus, daß Verletzungen des Zentralnervensystems (ZNS) pharmakotherapeutisch zu behandeln sein könnten, begründeten Stein und Sabel (1988) mit Erkenntnissen über die Plastizität des ZNS bei Erwachsenen aus den letzten zehn Jahren, die einen Paradigmenwechsel erfordern.

Im folgenden werden nach einem Fallbeispiel Trainingsmethoden und (verhaltens-)therapeutische Interventionen bei Frontalhirnsyndrom beschrieben.

6.1 Fallbeispiel

C., ein 10jähriger ausländischer Junge, war aus großer Höhe (wohl 5 m) auf einen Steinfußboden gestürzt und nach viermonatiger

stationärer Behandlung in einer Kinderklinik in eine Rehabilitationseinrichtung gekommen.

Die ärztlichen Diagnosen lauteten zusammenfassend: Zustand
nach schwerem offenen Schädelhirntrauma mit rechts-frontaler und
fronto-basaler Trümmerfraktur bei Zustand nach osteoklastischer Tre-
panation, Absetzen des rechten Frontalpols und mehrfachen Durapla-
stiken; Zustand nach Fraktur beider Oberschenkel; mäßig ausgebil-
dete Bewegungsstörung mit Ataxie bei Gleichgewichts- und Koordi-
nationsproblemen; Optikusatrophie rechts; Abriß der Riechfäden;
ausgeprägtes hirnorganisches Psychosyndrom im Sinne eines Frontalhirnsyndroms mit massiv erhöhter Ablenkbarkeit, ausgeprägten
Affektschwankungen und Perseverationstendenzen. Anamnestisch
war eine Frühgeburtlichkeit festgestellt worden. Im Alter von einem
Jahr ist C. mit der gesamten Familie ins Ausland gegangen und erst
mit 4 Jahren wieder nach Deutschland gekommen. C. litt bis zum
Unfallzeitpunkt unter einer Enuresis nocturna. Eingeschult wurde er
mit 6 Jahren, dann aber in die Vorklasse zurückgestuft und besuchte
zum Unfallzeitpunkt die 2. Klasse. C. sei ein lebhaftes, aber normal
entwickeltes Kind gewesen.

Im Aufnahmebefund des Psychologischen Dienstes wurde vermerkt, daß C. kooperativ und gut eine Stunde lang mitgearbeitet habe
und in der Lage war, länger andauernde Aufgabenstellungen zu
bewältigen. Allerdings war er leicht ablenkbar und hörte manchmal
unvermittelt in der Arbeit auf, fuhr aber nach Erinnerung und Aufforderung mit der Tätigkeit fort, als sei nichts gewesen. Motorisch
war er sehr unruhig, nestelte am Kopf herum, fuchtelte mit den
Armen oder klatschte in die Hände. Testpsychologisch erreichte C. in
allen Tests Ergebnisse, die weit unterdurchschnittlich waren. Lediglich in der Columbia-Mental-Maturity-Scale (CMM) [große Bildvor-
lagen aus der Testbatterie für geistigbehinderte Kinder (TBGB)], bei
der nicht passende Teile ausgesondert werden, erzielte er einen Wert,
der verglichen mit 10jährigen lernbehinderten Jungen im Durch-
schnittsbereich liegt (CMM; Prozentrang [Pr] = 58) und C.'s Kurzzeitgedächtnis für Zahlen war unauffällig. Der Benton-Test (2 Richtige) mußte abgebrochen werden, weil C. sich nach den ersten drei
leichten Vorlagen keine Bildvorlage mehr merken konnte.

C.'s psychomotorische Geschwindigkeit (Wiener Determinations-
gerät [WDG]; PR = 0) und die einfachen optischen und akustischen
Reaktionszeiten (opt. RZ; PR = 0/akust.RZ; PR = 1) waren verlangsamt. Im WDG fiel bei 34 richtigen Reaktionen die hohe Fehlerzahl von 10 auf (F% = 29).

In einer qualitativen Analyse einer Aufgabe aus dem HAWIK-R, bei der es um die Assoziation von Zahlen und Zeichen nach Vorlage ging, setzte er nach mühevoller Bearbeitung der Probefelder die Aufgabe in der Weise fort, daß er statt der Zeichen jeweils die gleiche Zahl unter die Zahlen schrieb. Er konnte auch nach Aufforderung nicht wieder zu der Assoziationsleistung übergehen. Bei einem Test ist aufgefallen, daß C. impulsive und vorschnelle Entscheidungen fällte, und er auch nach Korrekturaufforderung kaum Verbesserungen erbrachte.

In der Zwischenuntersuchung vier Monate nach der Aufnahme in unser Rehabilitationszentrum konnte festgestellt werden, daß sich C.'s Leistungen mit Ausnahme der psychomotorischen Geschwindigkeit (WDG; Pr = 42,8 und F% = 9 nach speziellem Training) nicht verbessert hatten, wenn sie an der betreffenden Altersnorm gemessen wurden. Qualitativ gesehen sind teilweise (absolute) Leistungssteigerungen zu verzeichnen. Im Benton-Test gelangen C. z. B. vollständigere Reproduktionen, allerdings war nur eine Zeichnung ganz richtig.

Zusammengefaßt ergab sich, daß testpsychologisch keine positive Veränderung nachzuweisen war. Um therapeutische Schritte unternehmen zu können, mußte geklärt werden, was das Eigentliche des Frontalhirnsyndroms ist: Es ist das Leben im Augenblick, es werden keine Pläne ausgebildet.

Zu den grundsätzlichen Bedingungen der Therapie bei Frontalhirnsyndromen schrieb Luria (1970) und wies damit auf eine Besonderheit der funktionellen Struktur der Frontallappen hin, daß, weil das Frontalgebiet das jüngste und zugleich das am wenigsten differenzierte Gebiet des Gehirns ist, die gegenseitige Ersetzbarkeit seiner Abschnitte wohl wesentlich größer ist als bei so hochdifferenzierten Gebilden wie den sensomotorischen, optischen und akustischen Rindengebieten. Ein ‚Problem' der Arbeiten Lurias ist, daß er ‚nur' mit Erwachsenen gearbeitet hat und die Patienten vorwiegend links-hemisphärisch geschädigt waren.

Wenn festgestellt wurde, daß C. nicht selbständig Pläne ausbildete, die er weiterverfolgte, prüfte, änderte, kontrollierte und verglich, so bedeutet das, daß er eigentlich gar keine (bzw. in einem bedeutend geringeren Maße) Handlungen vollzog, weil keine bewußten Ziele ausgebildet wurden und sich somit keine Fertigkeiten aufbauen konnten und Lernmöglichkeiten eingeschränkt waren. Es lag folglich keine primäre Gedächtnisstörung vor. Voraussetzung für Lernen ist, daß die Aufmerksamkeit in einem zielgerichteten Prozeß in ausreichender Zeit auf etwas gelenkt ist, damit es zur ‚Gedächtnisbildung' kommen kann.

Zielgerichtet kann ein Prozeß nur sein, wenn ein Motiv vorhanden ist, das tätigkeitsleitend ist. Emotionen regulieren das Verhältnis von Tätigkeit und Motiv (Leontjew 1987). Auf dieser Ebene schienen Emotionen als Bewertungssystem bei C. nicht zu funktionieren, er schien durchweg in einer heiteren Stimmung und kaum Schwankungen unterworfen zu sein. Für die Therapie war eine grundsätzliche Überlegung, daß C. zu seiner Entwicklung in hohem Maße Struktur von außen braucht (im Gegensatz zur Kinder-Spieltherapie, wo man das Kind frei spielen läßt; vgl. Ude-Pestel 1983). Äußere Sprache, die handlungsleitend ist, soll sich in innere Sprache verwandeln. Zu diesem Zeitpunkt ist die Einzeltherapie besonders wichtig. Es sollen möglichst wenige Stimuli vorhanden sein und der Therapeut soll sich nur mit dem Patienten befassen können.

Um einen ständigen schnellen Wechsel von Tätigkeiten zu verändern und einen anderen Modus einzuführen, wurde sehr früh damit angefangen, am Anfang jeder Stunde auf einem Blatt Papier aufzuschreiben, was gespielt werden sollte. Die Vorschläge wurden in eine Reihenfolge gebracht. Meist wurde C. gebeten, die Spiele auszusuchen. Wenn ein Spiel beendet war und C. „wuselte", wurde er aufgefordert, auf dem Zettel nachzuschauen, welches Spiel dran ist.

Bei den Spielen, es waren in dieser Phase Brettspiele (nach Regeln), wurde bei jedem Zug, den der Therapeut vornahm, der Zweck verdeutlicht. Das Kommentieren des Eigenen, das laute Denken, ist eine weitaus bessere Technik als ständig beim anderen einzugreifen, wenn er eine bessere Möglichkeit nicht gesehen hat, weil er sowieso ständig angesprochen und in einen Dialog einbezogen werden muß.

Bei einem Würfelspiel gelang es C. einige Zeit nicht, die Würfel liegenzulassen, wenn der Therapeut eine 6 gewürfelt hatte. Die Interpretation dafür ist, daß er seine Motorik nicht hemmen konnte. Er schien manchmal verdutzt zu sein, daß er die Würfel schon wieder in der Hand hatte.

Wenn die Stunde zu Ende war, ging er manchmal nicht. Als ihm einmal gesagt wurde, daß es doch gleich Essen gebe im Wohnbereich, machte er sich sofort auf den Weg. Er hatte kein Vorstellungsbild entwickelt, das für ihn handlungsleitend war.

Das Fragespiel wurde eingeführt und dann oft zu Beginn einer Stunde gespielt. Abwechselnd werden Fragen formuliert, die der andere beantwortet. C. hatte Schwierigkeiten, sinnvolle Sätze zu bilden, wenn er etwas mitteilen wollte. Eine Frage an jemand anderen zu stellen, von dem er etwas wissen wollte, stellte eine noch kompliziertere Anforderung dar. Öfter hat er eine Frage wiederholt, die er schon gestellt hatte.

In einer späteren Phase der Therapie wurden Rollenspiele durchgeführt (z. B. eine Kommunikation am Postschalter, ein Kellner serviert in einem Café), bei denen im Gegensatz zu Brettspielen höhere Anforderungen an Eigenstrukturierung gestellt sind. Es wurden auch hierbei jedesmal die Rollen getauscht und alle Situationen zweimal gespielt, damit C. sehen konnte, wie jemand anderes die Rolle ausfüllt, um sich daran zu orientieren.

Bei einer Arzt-Patient-Situation, bei der er einen Patienten gespielt hat, der ‚Angst vor dem Bohren' entwickelt, war er so entspannt wie nie zuvor, nachdem

Übungen aus dem autogenen Training angewandt worden waren. Bei einem anderen Rollenspiel, einer Situation, in der der Therapeut einen Patienten spielte, der sich Sorgen machte wegen einer ihm bevorstehenden Operation, gab dem Therapeuten C.'s Verhalten den Eindruck, daß er davon tief betroffen war und er den Therapeuten bemitleidete – Ausdruck eines ungekannten oder seltenen Gefühls und Anfang einer neuen Empfindlichkeit? Es bildete sich langsam eine gemeinsame Geschichte. Gemeinsam darüber zu lachen und sich später daran wieder zu erinnern, daß der eine einen Würfel erwischt hatte, der nur kleine Zahlen trug und deshalb beim Spiel nur langsam vorankam.

In einer Stunde hat er den Therapeuten besonders überrascht. Es waren drei Monate Therapie vergangen. Er stand plötzlich im Zimmer und sagte „Ich habe etwas vor: Mau-Mau spielen." Er war von sich aus gekommen. Der Therapeut hatte ihn nicht geholt. C. und der Therapeut hatten vorher schon einmal über das Spiel gesprochen, und der Therapeut hatte C. gesagt, daß es nicht gespielt werden könnte, weil keine Karten zur Verfügung ständen. Karten vom Wohnbereich mitzunehmen, daran hatte er nicht gedacht. C. und der Therapeut sind dann zum Wohnbereich gegangen und haben die Karten geholt. Der Therapeut hat jedesmal, wenn C. einen Plan generiert hat, versucht, es so einzurichten, daß er auch gemeinsam überlegt und realisiert werden konnte.

In einer der letzten Stunden wurden C. sechs Labyrinthe vorgelegt. Bei einer Vorlage hat er es ohne Absetzen geschafft, den kürzesten Weg zu finden. Die anderen hat er mit höherem Tempo bearbeitet und zweimal schwungvoll eine Linie überfahren. C.'s Entwicklungen in der Therapie wurden testpsychologisch nicht weiter evaluiert. Es kann festgestellt werden, daß aus einer chaotischen, unstrukturierten Beziehung eine weitaus dialogischere geworden ist. Am Beginn haben motorische und verbale Stereotypien vorgeherrscht, C. ist häufiger in die ‚Babysprache' zurückgefallen. In der 1. Phase der Therapie ging es vorwiegend darum, gemeinsam etwas zu beginnen und in der 2. Phase das Gemeinsame durchzuhalten, wo der Therapeut sehr direktiv war („Halt"; „Stop"). In der letzten Phase waren der Schwerpunkt qualitative Veränderungen, wo sich eine ‚normalere' dialogische Kommunikation einrichten konnte.

Die negativen Emotionen und Zweifel des Therapeuten, ob überhaupt Veränderungen möglich sind, wichen einer Zuversicht, daß durch kleine Schritte ein Weg zu größerer Autonomie möglich ist. Eine Erzieherin bemerkte in einem Gespräch, daß man mit C. besser reden könne, daß er von selbst käme und Vorschläge für Spiele unterbreite.

Die Fähigkeit, auch geringe Veränderungen zu erkennen und Geduld bei der Suche nach dem, was der Patient braucht, um beiderseitige Überforderungen auszuschließen, gehören wohl zu den bedeutendsten Anforderungen an Therapeuten.

Daß C. noch über einen längeren Zeitraum eine intensive Therapie braucht, haben wir in einem Abschlußbericht deutlich gemacht. In der Rehabilitationseinrichtung hatte sich die Meinung durchgesetzt, daß es günstig wäre, er käme in eine Einrichtung in der Nähe des Wohnortes seiner Eltern, so daß diese eine intensivere Beziehung zu ihm aufnehmen könnten. Die Suche war bisher noch nicht erfolgreich; eine Einrichtung hatte abgelehnt, weil sie seine Betreuung nicht ohne Medikation sicherstellen konnte.

In den letzten Wochen der Therapie hat der Therapeut öfter sein Zimmer verlassen und sich mit C. z. B. zum Tischtennis getroffen. Als nächster Schritt der Therapie wäre eine Verlagerung der Arbeit in C.'s alltägliche Lebenswelt angezeigt. Geeignete Ansatzpunkte bieten physiologische Bedürfnisse. Eine Phantasie: morgens aufzustehen und gemeinsam das Frühstück zuzubereiten noch im geschützten Setting einer Zweierbeziehung, um ganz auf ihn eingehen zu können, immer schauend was er kann und was nicht und ihn zu fordern, da sind bedeutende Entwicklungsschritte möglich. Das haben die Erzieherinnen des Wohnbereichs oft beklagt, daß sie nicht genügend Zeit hätten, sich um ihn allein zu kümmern und er so vor sich hin „wuselte". Um es noch einmal deutlich zu sagen: Eine Betreuung C.'s reicht noch nicht aus. Er muß ständig angesprochen und einbezogen werden. Es reicht nicht, daß jemand als Vorbild einfach vorhanden ist, er identifiziert sich noch nicht und bezieht sich noch nicht in ausreichendem Maße auf den anderen, obwohl sich das in den letzten Monaten ein Stück geändert hat. Und es macht noch einmal deutlich, was C.'s Störung für seine Beziehung zu anderen Menschen bedeutet: eine massive Beziehungsstörung – das autistische Moment des Lebens im Augenblick.

6.2 Rehabilitation nach Luria und Mitarbeitern

Als bedeutendstes Mittel der Wiederherstellung von Funktionen hat Luria (1969) die Reorganisation von funktionellen Systemen hervorgehoben, die ausschließlich mit Hilfe von speziellen Trainingsmethoden zu erreichen ist. Die Reorganisation findet fast ausschließlich im Prozeß bewußter Aktivität statt, die auf die Kompensation der Defizite gerichtet ist (Luria 1963). Die für eine erfolgreiche Rehabilitation erforderlichen Willensleistungen können von Patienten mit Frontalhirnläsionen nicht aufgebracht werden, weil bei ihnen die stabile und bewußte Motivation gestört ist. Die Desintegration der Motivation und bedeutende Persönlichkeitsstörungen kommen jedoch nicht bei allen Personen mit frontalen Läsionen in gleichem Ausmaß vor, sondern sind von Ausmaß und Lokalisation der Störung abhängig. Bei konvexen Läsionen kann das aktive Denken zusammenbrechen und der Fluß von Gedanken gestört sein. Die Reorganisation des Denkens ist in begrenztem Ausmaß möglich (Luria 1979). Wenn eine Geschichte nicht zusammenhängend erzählt werden kann, helfen bei der Organisation des Denkens externale Stimuli, wie z. B. Fragen, die Aufforderung, sich einen Gesprächspartner vorzustellen, der Fragen stellt oder Strukturierungshilfen, die beim Lesen der Geschichte gegeben werden.

Diese Methoden wirken jedoch nur bei wenig ausgeprägten Störungen, sie bieten keine Hilfe während des Übergangs (Transfer) von einem Gedanken zum anderen, die eine Person z. B. dadurch äußert, daß sie sagt: „Ich kann meine Gedanken nicht verbinden" oder „Ich weiß nicht, wie ich beginnen soll und wie ich zum nächsten Teil der Erzählung gelangen soll" (Luria 1963). In diesen Fällen besteht eine geeignete Methode darin, auf eine Karte Verbindungswörter (wie z. B. jedoch, obwohl, nachdem, seit) zu schreiben, die die Person als Hilfe bei der Fortführung einer Erzählung gebrauchen kann. Die Benutzung dieser Wörter verändert sich im Laufe der Rehabilitation von einer rein externalen zu einer spontanen Anwendung.

Im Gegensatz zu diesen dynamischen Schwierigkeiten des Denkens müssen andere Rehabilitationshilfen gegeben werden, wenn das allgemeine Schema der Geschichte unverstanden bleibt oder nicht in angemessener Reihenfolge arrangiert werden kann. Die Person wird aufgefordert, die verschiedenen Elemente der Geschichte auf separaten Blättern schriftlich zu fixieren und in einem zweiten Schritt zu ordnen, was eine korrekte Erzählung ermöglichte. Die Automatisierung dieser Methode gelang jedoch nur zu einem geringen Grad. Die Person mußte, bevor sie ein Ereignis erzählen konnte, einen Plan im Notizbuch konzipieren.

An der Kohs'schen Probe haben Luria und Tsvetkova (1964) Hilfen bei Verlust von Programmierung und Regulation von sequentiellem Verhalten aufgezeigt. Die Person erhielt genau vorgeschriebene Pläne mit konsekutiven Anweisungen in verschrifteter Form, wodurch ein schrittweises Herangehen an die Aufgabenstellung ermöglicht und impulsives Verhalten überwunden werden konnte. Nach Übung konnte die Aufgabe mit dem auswendiggelernten Plan selbständig gelöst werden. Bei schweren Motivationsstörungen, wenn eine stabile Einstellung der Person gegenüber der Arbeitsoperation und dem Ziel fehlt, sind externe Hilfen zur Verhaltensorganisation, die verlorengegangene internale Kontrollfaktoren ersetzen und die Eigensteuerung wieder aufbauen sollen, die einzig mögliche Methode der Kompensation (des Defekts) (Luria 1963). Die konstante Anleitung durch eine andere Person schafft einen äußeren Rahmen für das Verhalten des Patienten, wodurch seine Handlungen geleitet und ablenkende Faktoren gehemmt werden können.

Bei Patienten, die neben frontalen Läsionen auch eine Störung der Praxie, der Wahrnehmung oder der Sprache erlitten haben, ist eine Rehabilitation besonders schwierig, wenn eine Störung der Motivation einer intensiven und zielgerichteten Rehabilitationsarbeit entgegensteht und für die vollständige Entwicklung der Auswirkungen der Defekte sorgt.

Im folgenden beschreibe ich Aspekte der Rehabilitation einer Person mit einem schweren Frontalhirnsyndrom.

6.3 Rehabilitation bei fronto-diencephalem Syndrom

Die ambulante Rehabilitation einer jungen Frau (Frau B.) mit Frontalhirnsyndrom unter diencephaler Beteiligung (fronto-diencephales Syndrom nach Luria) und dynamischer Aphasie ist von Kuppel (1989) beschrieben worden. Neben der Desorientiertheit in Raum und Zeit und zur eigenen Person trat der mnestische Defekt am auffälligsten hervor. Aus ihrer Vergangenheit wußte sie nur wenige Daten. Sie konnte sich nie darauf besinnen, was sie gerade zuvor gesagt oder getan hatte. Eine begonnene Arbeit erkannte sie nicht als eine von ihr geleistete Tätigkeit wieder. Obwohl die Frau meist freundlich und ausgeglichen war, wurde bei einer Anforderung, die sie nicht erfüllen konnte, von einer dramatischen Reaktion berichtet. Als habe sie blitzartig ihr Unvermögen, Erlebtes zu erinnern, erkannt und reagiere auf ihre Hilflosigkeit, lief sie mit dem Ausruf „Ich will sowieso nicht mehr leben" in die Küche und suchte nach einem Messer, vergaß jedoch alles, bevor sie eins gefunden hatte.

In der Therapie war ein Ziel die Steigerung der Realitätskontrolle. Es wurden Tätigkeiten ausgesucht, die zur Entfaltung von Bedürfnissen dienen könnten. Bei der Aktivität ‚Pudding kochen' sollte sich die chronologische Reihenfolge der einzelnen Handlungen durch mehrfache Wiederholungen einprägen. Dazu wurden die Teilhandlungen auf einer Liste schriftlich niedergelegt. Nach jeder Handlung sollte die erledigte Handlung abgehakt werden. Dies war jedoch nicht möglich, weil

Frau B. sich an die eben verrichtete Handlung nicht erinnern konnte und auch nicht die letzte durchgestrichene Zeile suchte, um den nächsten Arbeitsschritt zu lesen, sondern irgendwo hängenblieb und diese Teilhandlung umsetzen wollte. Nur mit sehr viel Hilfe war die Ausführung der Tätigkeit möglich. Freude über das gelungene Werk entstand bei den ersten Malen nicht. Frau B. nahm an, daß die Mutter den Pudding gekocht hatte. Mit Hilfe der bildlichen Darstellung der Gegenstände und Arbeitsschritte lernte es Frau B., den Pudding fast selbständig zu kochen. Die zuletzt ausgeführte Handlung konnte sie erinnern, führte nur noch selten zweimal die gleiche Handlung hintereinander durch und wußte auch eine gewisse Zeit nach Beendigung der Aufgabe, daß sie den Pudding gekocht hatte. In Verbindung mit den jeweiligen Hauptaktivitäten, z. B. Puddingkochen, wurden verschiedene Rahmenaktivitäten abgeleitet und durchgeführt. Weil Frau B. eine Verbschwäche hatte, wurde mit Tätigkeitswörtern, die zum Sprechen über Pudding nötig sind, gearbeitet. Beim Tasttraining wurden Gegenstände, die zur Ausführung der Tätigkeit notwendig waren, einbezogen. Inhaltlich von der Hauptaktivität abgeleitete Aktivitäten sollten Frau B.'s Wissen erweitern, z. B. Milch als Nahrungsmittel, als Verdienstquelle für den Landwirt, der Weg des Puddings durch den Körper. Rahmenaktivitäten wurden ständig untereinander in Beziehung gesetzt. Diese netzartige Wissensstruktur mit vielfältigen Wiederholungen einzelner Fakten und Variationen förderte Frau B.'s Fähigkeit, Dinge zu speichern. Das Wissen war jedoch nicht stabil in jeder Situation abrufbar und tauchte in anderen Zusammenhängen wie ganz selbstverständlich auf.

Die Veränderungen nach $2^1/_2$-jährigen Bemühungen mit über 1600 Therapiestunden sind gemessen an ‚normalen' Lernprozessen sehr gering. Frau B.'s Mangel an Eigeninitiative und die fehlende Bildung eigener Motive sind weiter ein bedeutendes Problem. Dennoch haben sich ihre Gedächtnisleistungen durch visuelle Hilfen verbessert, so daß sie sich häufiger an die nahe zurückliegende Vergangenheit erinnern konnte. Diese positive Entwicklung konnte sie allerdings selbst nicht wahrnehmen, weil sie sich an die Zeit nicht erinnern konnte, in der sie mehr vergaß. Die Erweiterung ihres Sprachverständnisses ermöglichte eine bessere Verfolgung der Gespräche anderer, wobei Fragen ihr Mitdenken und Interesse bekundeten.

6.4 Differenzierung von Interventionen anhand eines Modells

Gross und Schutz (1986) haben ein hierarchisches Gerüst mit fünf Modellen für die Behandlung Hirngeschädigter aufgestellt. Anhand dieses Schemas hat Cramon (1988) fünf Therapieansätze für die neuropsychologische Rehabilitation bei Störungen der allgemeinen Leitungs- und Steuerungsfunktionen des Gehirns bei frontaler Hirnschädigung vorgeschlagen, die als Gerüst für systematische Therapieansätze dienen können. Das erreichbare Therapieziel soll frühzeitig formuliert werden, so daß zwecklose Behandlungsschritte vermieden werden.

1. Bei Personen mit schweren Schädigungen, die nicht mehr selbständig planen und handeln können, ist eine Verhaltensmodifikation nicht erfolgversprechend. In einer Verhaltenskontrolle durch die Umwelt müssen Handlungen der Personen ständig initiiert werden.

2. Durch Konditionierungstechniken kann versucht werden, stabile Handlungsroutinen aufzubauen. Pläne werden in allen Einzelheiten vorstrukturiert, z. B. bei einem Einkauf alle Teilschritte detailliert aufgeschrieben.

3. Durch Training von Planungskomponenten wird die Erreichung eines geordneten Planungsprozesses angestrebt. Defizitäre Komponenten werden durch genaue Verhaltensanalyse ermittelt.
Im folgenden sind defizitäre Planungskomponenten und therapeutische Schritte beschrieben.

   – Mangelnde Exploration der Umweltbedingungen kann sich in impulsivem Verhalten zeigen. Die genauere Exploration und die Extraktion relevanter Information wird durch Aufgaben wie das Gemeinsamkeitenfinden im HAWIE oder durch Vergleiche von Bildkarten, die in mehreren Merkmalen differieren, geübt.

   – Wenn nicht mehrere Informationen für die Lösung einer Aufgabe beachtet werden, kann dem Patienten an einfachen Übungsaufgaben vermittelt werden, daß die Nichtbeachtung von Information zur Verfehlung des Ziels führt. Aus der ökologischen Perspektive ist es sinnvoll, mit alltagsrelevanten Informationstabellen zu arbeiten, z. B. einer Gebührentabelle, mit deren Hilfe die Gebühr für einen 60 g schweren Brief in die U. S. A. herausgefunden werden muß.

   – Personen mit Stirnhirnschädigung verlieren den Gesamtplan aus den Augen, wenn sie Einzelschritte überbetonen. Die logische Anordnung von Teilplänen kann durch Aufgaben wie den Subtest Bilderordnen des HAWIE oder durch Texte mit zeitlichen Vor- und Rückblenden geübt werden.

   – Um zu lernen, möglichst viele Handlungsalternativen zu generieren, bevor eine Entscheidung getroffen wird, ist das ‚Brainstorming-Verfahren‘ hilfreich. Die Ideenproduktion in einer Gruppe kann dem Patienten verdeutlichen, daß viele Handlungsmöglichkeiten vorhanden sind.

4. Beim Training von Rückkopplungsprozessen sollen sich die Personen Ziele bewußt machen und Konsequenzen der Handlungen in

die Überlegungen einbeziehen. Für jede im Brainstorming gesammelte Handlungsalternative wird die Realisierbarkeit geprüft und eine „Kosten-Nutzen-Analyse" erstellt. In der Gruppe werden die Handlungsoptionen gemeinsam diskutiert, bevor jeder für sich eine Entscheidung für eine Möglichkeit fällt. Nach dem Training der Entschlußfindung werden detaillierte Teilpläne erarbeitet, die aufeinander abgestimmt zur Zielerreichung führen (Training durchführungsbezogener Gedanken).

5. Im Alltag haben Ablenkungen ein besonderes Gewicht. Um Störungen durch andere zu vermeiden, wird die Verwendung ritualisierter Antworten geübt, z. B.: „Ich kann jetzt leider nicht mit Ihnen sprechen." Wesentlich für den Alltagszusammenhang ist das Üben der Fähigkeit, Fragen stellen zu lernen und Hilfen in Anspruch zu nehmen.

Ein Fallbeispiel für ein kognitives Training hat Prigatano (1986b) gegeben und daran seine vier Grundprinzipien der kognitiven Rehabilitation erläutert.

Ein 21jähriger Mann erlitt eine Gehirnverletzung, die in einer bilateralen Atrophie der frontalen Pole und der temporalen Spitzen resultierte. Ein Jahr nach der Läsion erreichte er im Handlungsteil des WAIS einen IQ von 61, seine motorischen und kognitiven Funktionen waren extrem verlangsamt, sein Affekt flach, er war sich der Schwere seiner neuropsychologischen Defizite nicht bewußt und hegte äußerst unrealistische Vorstellungen bezüglich seiner beruflichen Perspektive.

Zu Beginn des kognitiven Trainings zeigten Leistungen in einfachen psychomotorischen Aufgaben dem Patienten, daß er viel langsamer war als die Durchschnittsperson. Die Aufgaben trainierten grundlegende Orientierungsfunktionen, so daß er seine allgemeine Verwirrung reduzieren (Prinzip 1) und sich langsam seiner Stärken und Schwächen bewußt werden konnte (Prinzip 2).

Weil seine psychomotorische Geschwindigkeit auf einem höheren Niveau stagnierte, wurden ihn als eine Form von Kompensation verschiedene kognitive Strategien gelehrt (Prinzip 3), auf die er selbst noch nicht gekommen war. Es wurde ihm deutlich, daß der Gebrauch von Strategien Verbesserungen bringen konnte, diese Verbesserungen aber nicht substantiell waren und seine psychomotorische Geschwindigkeit für eine berufliche Arbeit, die normale Fähigkeiten in diesem Bereich erforderte, nicht ausreichte.

Im Rahmen einer kognitiven Gruppentherapie wurde an dem Defizit, daß der Patient verbal nur sehr langsam antwortete, gearbeitet. Er bekam von anderen Gruppenmitgliedern das Feedback, daß sein langsames Antworten den Zuhörern Schwierigkeiten bereitete und lernte kompensatorische Strategien, um in sozialen Situationen besser zurechtzukommen. Die Kompensation einer bedeutenden psychomotorischen Verlangsamung wurde in einem sozialen Kontext angewendet. Das vierte Prinzip fordert eine Bearbeitung von Defiziten, die über die individuelle Behandlung von kognitiven Defiziten hinausgeht.

Der Patient gab seine unrealistischen beruflichen Ziele auf, arbeitete in einer geschützten Werkstatt und obwohl sich seine kognitiven Defizite nur wenig verbesserten, war das kognitive Training ein Erfolg, welches ihm Einsicht in seine Defizite verschaffte und durch Kompensationstechniken einen realistischeren Umgang mit anderen Menschen ermöglichte.

Prigatano (1986b) betonte in diesem Zusammenhang, sich auf Zangwill berufend, daß für Patienten mit schweren bilateralen zerebralen Dysfunktionen der Gebrauch kompensatorischen Trainings (Reorganisation einer psychologischen Funktion führt zur Minimierung oder zum Umgehen eines besonderen Defizits) bedeutender ist als das Training von Substitutionen (Aufbau einer neuen Methode) oder ein Training zum Wiederaufbau der gestörten Funktion ('direct retraining').

6.5 Kognitive Rehabilitation bei Frontalhirnsyndrom

Eine der wenigen ausführlichen Fallbeschreibungen kognitiver Rehabilitation bei Frontalhirnsyndrom von Craine (1982) wird im folgenden zusammengefaßt dargestellt.

Der 27 Jahre alte Mitchell erlitt bei einem Sturz aus großer Höhe eine schwere frontale Schädelverletzung. Auf Veranlassung eines Beraters für berufliche Rehabilitation, der M. zusammengefaßt als „creating havoc wherever he went" beschrieb, kam M. zur Untersuchung. Während der Untersuchung zeigte sich eine Tendenz zu impulsiven Handlungen und eine deutliche Ablenkbarkeit. M. benötigte zur erfolgreichen Testdurchführung ein konstantes Feedback. Der Patient wurde als motiviert beschrieben, für ihn war es wichtig, gute Testleistungen zu erzielen. Neuropsychologische Tests zeigten durchschnittliche mentale Fähigkeiten. Spezielle und bedeutende Schwierigkeiten hatte er bei komplexeren Wahl-Aufgaben und Tests, die intellektuelle Flexibilität forderten. Aufgrund dieser Ergebnisse und des Berichts des Berufsberaters wurde eine therapeutische Intervention für notwendig erachtet. Als entferntes Ziel wurde die Beschäftigung in einem Fotostudio angestrebt. Um den Berufswunsch zu erfüllen, formulierten die Therapeuten die Verbesserung der Fähigkeiten folgender drei Bereiche, für die spezielle Aufgaben eingesetzt wurden: visuelles Gedächtnis, Begriffsbildung bzw. Abstraktion und intellektuelle Flexibilität.

Die Therapie begann 2; 3 Jahre nach der Verletzung und dauerte 122 Stunden, verteilt über ein Jahr. Beim Problemlösen hatte M. große Schwierigkeiten herauszufinden, wo er mit einer Lösung beginnen sollte. Dies wurde besonders deutlich bei Fragen zu Kurzgeschichten, die er nicht beantworten konnte. Um einen Lerneffekt zu erreichen, mußten Schematisierungshilfen zur Ordnung des Materials gegeben werden. Wichtige Informationen wurden gemeinsam erarbeitet und schriftlich niedergelegt. Die gesammelte wichtige Information konnte M. dann strukturieren. Weil Schritte, die zur Verschriftung notwendig waren, ohne Hilfe noch nicht durchgeführt werden konnten, wurde in dieser Phase, wo es um eigenständiges Analysieren (Extrahieren) des Materials ging, parallel mit nicht-verbalen Aufgaben gearbeitet. Bei Aufgaben mit Streichhölzern konnten die Schritte, die M. unternahm, beobachtet werden. Es fiel auf, daß M. jeweils nur eine Lösungsmöglichkeit probierte. Er wurde häufig aufgefordert, nach weiteren Lösungsmöglichkeiten zu suchen. Als er versuchte, diese Aufforderung umzusetzen, entstand in ihm die Idee, daß nach mehreren Versuchen ein Erfolg eintreten kann. An Aufgaben, deren Lösung er nicht wiederholen konnte, wurde ihm auf dramatische Weise deutlich, daß er keine bewußte Lösung der Aufgabe herbeigeführt hatte, sondern daß diese zufällig zustande kam. Nach erfolgreicher Lösung wurde er aufgefordert, es noch einmal genauso zu tun und genau darauf zu achten, was er tat, um es wiederholen zu können. Bewußte Verbalisierung und Planung der einzelnen Schritte schien ihm bei der Speicherung im Gedächtnis zu helfen. Zu diesem Zeitpunkt wurde ein anderes Problem deutlich: die Dissoziation zwischen seiner allgemeinen Redseligkeit und seinem geringen sprachlichen Ausdrucksvermögen, wenn Fragen an ihn gerichtet wurden. In diesen Fällen zog er einer sprachlichen Erläuterung eine Erklärung mit Hilfe von Gesten vor. Wenn es gefordert war, konnte er einzelne Schritte, die zur Problemlösung notwendig waren, nicht verbalisieren. Bei einem Test und in Aufgaben zur Wortflüssigkeit zeigte er geringe Leistungen und glitt in Konfabulationen ab, war sich dessen aber bewußt. Er konnte seine Leistungen überwachen. Seine Hauptschwierigkeit bei dieser Aufgabe war, daß er seine Aktivitäten nicht in geeigneter Weise organisieren konnte. Er mußte immer wieder sehr direkt angesprochen und das Ziel für ihn formuliert werden, z. B. ihm einen anderen Anfangsbuchstaben, weil ihm dazu mehr Wörter einfielen. Wichtig für seine Leistungsverbesserung waren M.'s Entdeckung und der Gebrauch besserer Strategien, um das Ziel zu erreichen. Es war notwendig, ihn die Strategie zu lehren, sich in Lösungen nicht festzufahren.

Um aus festgefahrenem Denken herauszufinden und zu anderen Kategorien überwechseln zu können, wurde an der intellektuellen Flexibilität gearbeitet. Bei der Aufgabe ‚Vor und hinter' war gefordert, die Zahl, die in der Zahlenfolge vor einer gegebenen Zahl stand, niederzuschreiben. Bei der Aufforderung ‚wechsln' sind die nachfolgenden Zahlen zu notieren. Weil das Wechseln für ihn ein bedeutendes Problem darstellte, wurde er zuerst aufgefordert, auf einer Seite alle Zahlen vor der gegebenen und dann die nachfolgenden Zahlen zu schreiben. Erst nach einer längeren Übungsphase war es M. möglich, auch 10-Sekunden-Wechsel ohne Schwierigkeiten zu bewältigen. Bei anderen Flexibilitäts-Übungen wurde deutlich, daß M. sehr viele Fehler beging und deshalb ein schlechtes Endresultat erzielte, weil er zu schnell arbeitete. Nach viel Überzeugungsarbeit und der ständigen Forderung, die Aufmerksamkeit auf die einzelnen Items zu richten, lernte er sorgfältigeres Arbeiten, was seine Punktzahlen erhöhte. Um die Flexibilität zu steigern, war die Kontrolle der Impulsivität notwendig, an der direkt gearbeitet wurde.

Weil M. Probleme hatte, Feedback-Information in geeigneter Weise zu gebrauchen, wurde mit dem Mastermind-Spiel gearbeitet. Sechs farbige Spielsteine werden von einem Spieler in einer bestimmten Reihenfolge verdeckt angeordnet. Mit Hilfe von Rückmeldungen über die richtige Position bzw. Farbe der Steine kann über mehrere Züge hinweg die Lösung kombiniert werden. Zu Beginn wurde M. eine einfache Aufgabe mit nur vier Spielsteinen und festgelegter Farbe vorgelegt, so daß nur die Reihenfolge der Steine zu bestimmen war. Auch diese Aufgabe war für M. noch sehr schwierig. Er legte öfter einfach wieder die gleiche Reihe, weil er die bereits gelegten Reihen nicht überprüfte und vorherige Überlegungen zum Aufbau einer Reihe nicht integrierte. Außerdem vergaß er, welche Hypothese er im Moment testete. Es erwies sich als notwendig, die verschiedenen Schritte der Hypothesengenerierung zu üben. Besonders der Gebrauch der Information, die im Feedback steckt, mußte immer wieder geübt werden, weshalb auch auf Übungen außerhalb des Mastermind-Spiels zurückgegriffen wurde. Auf der Verbalisierung aller Ideen wurde bestanden, weil so die Lösung der Aufgabe erleichtert wurde und der Trainer bei unangemessenen Problemlösestrategien intervenieren konnte. M. wurde aufgefordert, Annahmen schriftlich zu fixieren. Der Unterschied zwischen einer Hypothese und einem Faktum mußte erklärt werden. M. fand heraus, daß es notwendig war, sich auf die spezifische Frage, die er an die Feedback-Information stellte, zu konzentrieren und auf diese Weise seine Hypothese zu prüfen. Bei wachsendem Gebrauch der Feedback-Information konnte die Komplexität der Aufgabe erhöht werden.

Die Fähigkeiten in allen Übungsaufgaben hatten sich beträchtlich verbessert. Auf der Ebene neuropsychologischer Tests hatte eine Generalisierung stattgefunden. Im HCT, einer Aufgabe, die nicht trainiert worden war, reduzierte M. seine Fehlerzahl von 91 auf 58. Er besuchte eine Schule, um Fähigkeiten, die er als Fotograf benötigte, zu schulen. Er hatte gelernt, mit ungeplanten Situationen besser umzugehen. In dem Haus, in dem er wohnte (boarding home) hatte man ihm wegen seiner verbesserten Fähigkeiten mehr Verantwortlichkeiten für die Hausarbeit und andere Patienten gegeben. Es war geplant, ihm ein eigenes Appartment zu überlassen, sobald er eigene Einkünfte hatte.

6.6 Arbeit an der Einsichtsfähigkeit

Als ein wesentliches Merkmal nach Frontalhirnläsion ist die mangelnde Einsichtsfähigkeit bzw. fehlende Einsicht in die eigene Störung beschrieben worden. Einsicht kann notwendig sein, um überhaupt an einer Rehabilitation teilzunehmen. Wie ist Einsicht in Defizite und für die rehabilitative Arbeit zu erreichen? Zum praktischen „alltäglich"-klinischen Umgang bemerkte Thun (1988), daß nur über eine feste Vertrauensbasis Mitarbeit und Zustimmung zur Therapie zu erreichen sind. Wenn aufgrund der Hirnschädigung kein Verständnis erwartet werden kann, hilft „gekonnte Überredung". Patienten bewerten Störungen in ihrer Relevanz unterschiedlich, weshalb Kompromisse zu schließen sind: Gewünschte zusätzliche Stunden in Krankengymnastik werden gewährt, wenn der Patient einer Aufmerksamkeitstherapie zustimmt. Der Patient soll ferner regelmäßig gefragt werden, ob ihm klar ist, warum er welche Therapie macht, weil die aktiv-positive Einstellung des Patienten Grundvoraussetzung für gemeinsame Arbeit ist. Thun forderte, daß der Patient jederzeit voll informiert ist, wozu er etwas tut.

Prigatano und Fordyce (1986) haben von einer Person mit frontaler Läsion berichtet, an deren Einsichtsfähigkeit während eines kognitiven Trainings gearbeitet wurde. Der Patient nahm anfänglich keine neuropsychologischen Folgen seiner Verletzung wahr und gab unangemessene Kommentare ab, wenn seine Frau ihm sagte, daß er Dinge nicht ernst nahm. Nachdem seine Frau sich von ihm getrennt hatte, nahm er mit der Hoffnung, seine Frau wiedergewinnen zu können, an einem Rehabilitationsprogramm teil.

In der kognitiven Gruppentherapie stellte der Sprachpathologe fest, daß der Patient eine individuelle Therapie benötigte, um an sozial unangemessenen Verhaltensweisen, die als Resultat der Hirnschädigung bzw. im Zusammenhang mit prämorbiden Persönlichkeitscharakteristiken zu verstehen waren, zu arbeiten. Gemeinsam wurde eine Liste mit problematischen Verhaltensweisen aufgestellt. Der Patient traf bezüglich des Rehabilitationsprogramms unrealistische Feststellungen wie „Dies ist das beste Programm der Welt". Derartige Aussagen wurden häufig geäußert, auch wenn der Patient sich unkooperativ verhielt. Ein anderes Beispiel läßt die Tendenz des Patienten erkennen, negatives Feedback massiv abzuwehren, was andere frustriert oder verärgert. Therapeut und Patient erarbeiteten alternative Verhaltensweisen. Für den ersten Punkt wurde die Erstellung einer Liste angemessener Kommentare, die zum Programm oder gegenüber Mitgliedern abgegeben werden können, vereinbart. Das zweite Problem erforderte eine ernsthaftere Einstellung dem Rehabilitationsprozeß als Ganzem gegenüber. Patient und Therapeut kamen überein, daß der Patient nach sinnvollen Reaktionen suchen muß, wenn er schmerzliches Feedback erhält. Durch Erstellung dieser individuellen Dimensionen konnten Strategien erarbeitet werden, die der Patient während des Rehabilitationstages anwenden konnte.

Ein Grundkonzept und Techniken der Kleingruppenarbeit zur Förderung der Krankheitseinsicht, der Bereitschaft zur Veränderung sowie des Sich-Einstellens auf die veränderte Lebenssituation bei hirngeschädigten Personen hat Travaglione (1989) vorgestellt. Die Trainees durchlaufen während des 5-monatigen Trainings insgesamt sechs Gruppenübungen. Die einzelnen Gruppensitzungen werden mit einem individuellen Betreuer vorbereitet und einzelne Schritte eingehend geprobt, was die Übernahme neuer Verhaltensweisen ins eigene Repertoire erleichtern soll. Auf dem „heißen Stuhl" werden zu folgenden Inhalten mit Elementen des „Living Theaters" emotional bedeutsame Sitzungen abgehalten:

1. Sämtliche autobiographische Daten und die Krankengeschichte werden erfragt, mit dem Trainee gemeinsam redigiert und auf einem großen Poster festgehalten.
2. Zwei Leistungen aus der Zeit vor der Verletzung, auf die der Trainee aus subjektiven Gründen bzw. nach Wertmaßstäben der Allgemeinheit besonders stolz ist, sollen genannt werden.
3. Zwei zentrale Persönlichkeitseigenschaften, auf die der Trainee besonders stolz ist, sollen genannt werden.
4. Die persönlichen Eigenschaften eines anderen Gruppenmitgliedes, die der Trainee bewundert, sollen genannt werden.
5. In einem Spiel übernimmt der Trainee die Rolle des Psychologen und interviewt in dem ihm gegenüber sitzenden Therapeuten quasi sich selbst als zukünftigen Kandidaten für das Programm. Bei dieser Aufgabe sind die emotionalen und kognitiven Anforderungen am höchsten.
6. In der letzten Übung wird der Trainee mit seinen auf dem Poster verzeichneten Defiziten konfrontiert. Auf dem Poster sind ebenfalls die bereits erreichten Erfolge, weitere Ziele und die Vorschläge der Therapeuten für die Zukunft verzeichnet.

Den Trainees fällt es schwer, eine Kontrollfunktion an andere zu delegieren. Deshalb wird in der Gruppe jedes Verhalten interpretiert und korrigiert, so daß der Trainee lernt, Hilfe zu akzeptieren.

6.7 Motivation

Emotionen und Motivation nehmen Einfluß darauf, wie das Individuum sich in der Rehabilitation engagiert und beeinflussen so den Prozeß der Wiederherstellung von Funktionen. Nach traumatischer Hirnschädigung werden Personen oft als ‚emotionaler' und weniger motiviert beschrieben (Prigatano 1988). Mit Pribram habe ich in Kapitel 3 ausgedrückt, daß motivationale Prozesse im Gegensatz zu emotionalen die Bereitschaft zur Aktivität oder zur Weiterführung kennzeichnen. Motivationen generieren Gefühle, die parallel mit hierarchischem zielsuchenden Verhalten vorhanden sind. Motivation kontrolliert die Aufmerksamkeit und produziert ein notwendiges internales Milieu (d. h. arousal), um Neulernen zu erleichtern oder zu vergrößern. Motivationale Faktoren spielen also deshalb eine bedeutende Rolle, weil sie eng mit Störungen des Arousals, der Wahrnehmung und der Bewußtheit vom Selbst verbunden sind.

Wie entwickelt sich Motivation, bzw. wie ist sie im Rehabilitationsprozeß zu entwickeln? Prigatano (1988) verdeutlichte an einem klinischen Beispiel die Bedeutung von Emotion und Motivation bei der Wiederherstellung von Funktionen.

Ein 21jähriger Mann mit einer bilateralen frontalen Atrophie nahm Veränderungen seines sprachlichen und mimischen Ausdrucks nicht wahr. Er zeigte wenig Emotionalität in seinem Gesichtsausdruck und sprach oft mit einer sehr monotonen Stimme, was andere Personen einerseits als Mißinterpretationen ihrer Äußerungen deuteten und andererseits als Unfähigkeit oder Unwillen, sich für andere zu interessieren. Die Selbstwahrnehmung des Patienten änderte sich, als ihm bewußt wurde, wie er auf andere wirkte. Er wurde sehr motiviert, an einer Vielzahl von Trainingsaufgaben zu arbeiten, die schließlich seine Fähigkeit verbesserten, mehr Gesichtsausdruck zu zeigen und seine Empfindungen zu äußern. Parallel hierzu verbesserte sich seine Informationsverarbeitungs-Geschwindigkeit. Wenn auch der normale Stand im Zeigen affektiver Reaktionen nicht erreicht wurde, so wurden doch Verbesserungen erreicht, die es dem Patienten ermöglichten, in sozialen Situationen besser zurechtzukommen.

Die Einsicht in die eigenen Defizite ist notwendig, um an einer Rehabilitation teilzunehmen. Leontjew & Zaporozhets (1960) betonten, daß es während der rehabilitativen Arbeit allerdings notwendig ist, daß das Bewußtsein auf das Ziel der Arbeit gerichtet ist. Dies ist bei einer für das Individuum sinnhaften Tätigkeit möglich, wobei die Aufgaben nicht im Bewußtsein des ‚remedial value‘ ausgeführt werden. Diese ‚idealen‘ Bedingungen der Rehabilitation läßt den Patienten seine Einschätzung als unfähige Person vergessen. Unter diesen Bedingungen scheinen besondere Rehabilitationserfolge möglich.

6.8 Psychotherapie

Prigatano (1986c) konstatierte, daß Psychotherapie mit Hirnverletzten zum Ziel haben muß, daß der Patient lernt, mit der Hirnschädigung zu leben, eine realistische Perspektive entwickelt und einen Sinn im Leben findet. Neben Einsicht und Verhaltensänderung ist oft eine dritte Komponente notwendig: Psychotherapeut und Rehabilitations-Team „must instill a sense of hope in both the patient and the family" (Prigatano 1986c, 70).

Persönlichkeitsstörungen und psychosoziale Schwierigkeiten von hirngeschädigten Personen können anhand von drei Dimensionen geordnet werden. Als typische reaktive Probleme sind Angst, Depression, Hilflosigkeit, Mißtrauen und sozialer Rückzug zu nennen. Neuropsychologisch vermittelte Probleme sind Impulsivität, emotionale Labilität, fehlende Einsicht in das Defizit, Fehlwahrnehmung der Intentionen oder Handlungen von anderen und ein Mangel an Motivation. Charakterologische Stile oder prämorbide Probleme sind zwanghaftes Verhalten, Freundlichkeit, Mißtrauen, Befriedigung durch Verwirrung anderer oder durch Besetzung einer Abhängigen-Rolle, Vermeidung von Selbst-Einsicht oder die Diskussion von persönlichen Themen und Gefühle, nicht genügend Hilfe von anderen zu bekommen.

Psychotherapie nach Hirnschädigung soll sich besonders mit den reaktiven Problemen befassen, weil diese sich nicht direkt auf den Grad der neuropathologischen Veränderungen oder die resultierenden kognitiven Störungen beziehen, sondern allgemeine Schwierigkeiten der Bewältigung widerspiegeln. Durch kognitives Training können neuropsychologisch begründete Störungen reduziert werden. Psychotherapie mit hirngeschädigten Patienten hat nur wenig Erfolg, wenn die Person prämorbid bedeutende psychiatrische Probleme hatte. Hauptziel der Einzel- bzw. Gruppentherapie mit Hirnverletzten ist, daß die Patienten lernen, realistisch mit reaktiven Problemen umzugehen. Das initiale Ziel der Gruppentherapie ist, den 5–7 Mitgliedern der Gruppe zu helfen, ihr Isolationsgefühl zu überwinden und ihre gegenwärtigen motivationalen und emotionalen Schwierigkeiten zu ermitteln. In einem weiteren Schritt wird den Personen vermittelt, daß sie sich in ihren Persönlichkeitsstörungen trotz einiger Unterschiede sehr ähneln und wie ihre Fähigkeit betroffen ist, mit anderen zu interagieren, was wiederum Wirkungen auf die Reaktionen anderer Personen ihnen gegenüber hat.

Für die einzelnen Gruppentherapiestunden hat Prigatano (1986c) eine Liste mit Themen vorgeschlagen, für die ich im folgenden Beispiele gebe. Beim ersten Thema werden die Ziele der Gruppenpsychotherapie vorgestellt: Es geht um Gefühle, Emotionen und Motivationen. Es wird über Gefühle gesprochen, weil die Art zu fühlen einen Teil der Handlungen beeinflußt. Ein Handzettel zu diesem Punkt wird den Mitgliedern der Gruppe ausgehändigt und er wird besprochen. Ein weiteres Thema betrifft spezifische emotionale Reaktionen nach Hirnschädigung, für die zur Verdeutlichung Beispiele von den Therapeuten vorgetragen werden. Jede Person wird

dann gefragt, welches ihre emotionalen Reaktionen auf die Gehirnverletzung sind. Die Therapeuten können den Grad von Einsicht und
Selbstbewußtheit sowie die Fähigkeit der Personen, mit affektiven
Punkten umzugehen, einschätzen. Den Gruppenmitgliedern wird
gesagt, daß Personen mit Gehirnverletzungen sich ihrer eigenen emotionalen Reaktionen oft nicht vollständig bewußt sind und Verwandte und Bekannte sie anders beschreiben. An Antworten auf die Frage,
wie Verwandte die emotionale Reaktion auf die Gehirnverletzung
sehen, kann der Grad von Empathie der Gruppenmitglieder eingeschätzt werden.

Einige Patienten können aufgrund ihrer frontalen Läsion offener und
weniger abwehrend sein. Ein spezifisches psychotherapeutisches Problem betrifft Fehlwahrnehmungen der Umwelt. Personen mit frontalen
und/oder temporalen Verletzungen verstehen oft den Kern einer Aussa-
ge nicht und mißinterpretieren die Intentionen und Handlungen anderer
Personen. Sie nehmen Äußerungen wörtlich und sind verärgert darüber.
Die Personen sollen erkennen, daß sie zu konkret denken. Wenn die
Mißinterpretationen von einer beeinträchtigten abstrakten Einstellung
herrühren, sind Hilfen bei der Wahrnehmung der Umwelt möglich.
Paranoide Fehlwahrnehmungen bei Temporallappen-Läsion verbunden
mit amnestischen Schwierigkeiten, sind bedeutend schwerer zu behandeln.

6.9 Besondere Probleme der Rehabilitation bei Frontalhirnschädigung und Schlußfolgerungen

Mangelnde Einsichtsfähigkeit in die eigenen Defizite und Störungen
der Motivation habe ich als bedeutend für die Rehabilitations-
bemühungen dargestellt. Die angewachsene Bewußtheit von Defiziten mag Depression nach sich ziehen, wie Diller und Gordon (1981)
bemerkten. Craine (1982) forderte, an Defiziten vorsichtig zu arbeiten. Damit die Personen nicht überwältigt werden, sollen sie bei langsam anwachsendem Bewußtsein gleichzeitig sehen, daß auch Verbesserungen möglich sind.

Den denkbar schlechtesten Fall stellen Defizite dar, die in einer
Untersuchung nicht erkannt wurden und deshalb nicht behandelt werden können, aber dennoch beträchtliche Auswirkungen im Alltagsleben der Person haben. Dies trifft auf subtilere Störungen der exekutiven Funktionen zu, bei denen Informationsverarbeitungsprozesse
leicht verlangsamt und weniger offensichtliche motivationale Verän-

derungen vorliegen. Schwere Gedächtnis- oder Aufmerksamkeitsstörungen sind weit auffälliger.

Craine (1982) hat Probleme, die für die Rehabilitation von Frontalhirnpatienten typisch sind, aufgelistet. Er wies darauf hin, daß
Gedächtnisdefizite subtiler sind als bei anderen Arten von Läsionen
und deshalb im Trainingsprozeß Hilfen gegeben werden müssen,
damit die Personen lernen, spontan Fragen an sich selbst zu stellen.
Auf diese Weise wird es ihnen möglich, gewünschte Gedächtnisinhalte in ihr Bewußtsein zu rufen.

Frontalhirnpatienten sind extrem unbeständig bei der Durchführung von Aufgaben. Deshalb muß der Trainer jederzeit die Kontrolle führen und definitiv Grenzen setzen. Die Belohnung von Erfolgen kann helfen, daß die Person sich ihrer Unbeständigkeit bewußt
wird und ihr Verhalten ändert.

Weil der Prozeß der Modifikation von Defiziten bei Frontalhirn-
geschädigten ziemlich komplex ist, ist ein sequentieller Schritt-für-
Schritt-Ansatz erforderlich, der mit wenig komplexen Anforderungen
beginnt. Häufigere Fallbesprechungen sind notwendig. Das Trai-
ningsprogramm muß bezüglich seiner Effektivität überprüft und
gegebenenfalls revidiert werden. Das Rehabilitations-Team, das mit
diesen Patienten arbeitet, benötigt spezielle Hilfsangebote, weil vielfache Probleme und Frustrationen entstehen.

Als eine bedeutende Komponente der Behandlung werden psychologische Interventionen für die Familie des Patienten gesehen. Die
Familie braucht Hilfe, um zu verstehen, was mit ihrem Familienmit-
glied passiert ist, „who at times seems like a stranger in their midst"
(Craine 1982, 259). Lezak (1978) beschrieb, wie sich die Beziehungen innerhalb der Familie verändern und welche Belastungen für
Angehörige dadurch entstehen können, wenn ein Mitglied Charakterveränderungen unterworfen ist. Die Familie kann die Erfahrung
machen, daß das gehirnverletzte Mitglied ständig die Aufmerksamkeit auf sich zieht. Wenn der Hirngeschädigte sozial unsensibel
geworden ist, bedeutet das für Familienmitglieder den Verlust von
wichtiger emotionaler Bindung und Unterstützung. Problematische
Verhaltensweisen des Hirngeschädigten, wie z. B. impulsives Essen
oder unkontrollierte Sexualität, stellen Familienmitglieder vor außer-
ordentlich große Belastungen. Lezak (1978) berichtete, daß Frauen
von hirngeschädigten Männern psychologische Hilfe suchten, aus
Angst verrückt zu werden. Die Beziehungen der Familie nach außen
können sich verändern, wenn z. B. Freunde sich aufgrund der neuen
Situation zurückziehen. Die Familie wird häufig sozial isoliert.

Weil die Familien den Anforderungen nicht gewachsen sind, sind Hilfen durch ambulant arbeitende (Neuro-) Psychologen notwendig. Diese Hilfen müssen je nach Schwere der psychosozialen Auswirkungen unterschiedlich aufgebaut sein. Nach stationären Aufenthalten scheint eine intensive Arbeit in der Familie besonders geboten, weil die Beziehungen der Mitglieder und das Alltagsleben neu zu strukturieren sind. In einer späteren Phase, in der sich die Familienstruktur reorganisiert hat bzw. bei weniger gravierenden Auswirkungen, sind Begleitangebote angemessen. Diese Begleitangebote können bei Bedarf von den Familien genutzt werden.

Für die Angehörigen sind Gesprächsgruppen für Familienmitglieder von Hirngeschädigten wünschenswert. Ambulante psychotherapeutische Angebote für Hirngeschädigte können für weitere rehabilitative Fortschritte unerläßlich sein. In diesem Zusammenhang ist Prigatanos therapeutische Arbeit wertvoll. Besondere Bedeutung hat hier die Tatsache, daß nicht alle Probleme und Veränderungen, die als Persönlichkeitsstörungen beschrieben werden, direkte Folge der Hirnschädigung sind. Prämorbide Probleme und Persönlichkeitsanteile müssen in ihrer Beziehung zur Hirnschädigung psychotherapeutisch verstanden und angemessen bearbeitet werden.

In der Psychotherapie hat das Selbsterleben der Person einen besonderen Stellenwert. In Fallbeispielen aus der Literatur fehlen Selbstbeschreibungen des Patienten nahezu vollständig: Wie er seine Probleme erlebt und was er fühlt wird nicht thematisiert. Bei Personen mit frontalen Läsionen ist die Fähigkeit, sich selbst zu beschreiben, sicherlich schädigungsbedingt eingeschränkt, was ich in Zusammenhang mit mangelnder Einsichtsfähigkeit beschrieben habe. Trotzdem halte ich es für wünschenswert, das Eigenerleben des Patienten mehr zu beachten. Als Begründung für den Therapieerfolg hat Craine (1982) in seinem Fallbeispiel testdiagnostische Verbesserungen und berufliches Vorankommen aufgeführt. Eine weitere sinnvolle Evaluationsmöglichkeit sind Selbstbewertungen der Person. Erweiterungen der Selbst-Reflexivität stellen ein bedeutendes Therapieziel bei Personen mit frontalen Läsionen dar.

Die Ansätze der Rehabilitation von Personen mit Frontalhirnsyndrom beschränken sich häufig auf eine Ebene, z. B. auf kognitives Training. Intensiv-therapeutische Modelle, die verschiedene Dimensionen integrieren und die Bearbeitung von Defiziten in Teilleistungen ermöglichen, sind zusammen mit diagnostischen Verfahrensweisen zu entwickeln bzw. weiterzuentwickeln.

Literaturverzeichnis

Ackerly, S. S. (1964). A case of paranatal bilateral frontal lobe defect observed for thirty years. In J. M. Warren & K. Akert (eds.), *The frontal granular cortex and behavior*. New York: Mc Graw-Hill, 192–215.

Ackerly, S. S. & Benton, A. L. (1948/1966). Report of case of bilateral frontal lobe defect. In *The frontal lobes*. Proceedings of the Association for research in nervous and mental disease december 12 and 13, 1947 New York. New York: Hafner, 479–502.

Andreasen, Nancy C. (1990). *Das funktionsgestörte Gehirn*. Einführung in die biologische Psychiatrie. Weinheim und Basel: Beltz

Anzai, Y. & Simon, H. A. (1979). The theory of learning by doing. *Psychological Review, 86,* 124–140.

Asanuma, H. (1989). *The motor cortex*. New York: Raven.

Baddeley, A. & Wilson, B. (1986). Amnesia, autobiagraphical memory,and confabulation. In D. C. Rubin (ed.), *Autobiographical memory*. Cambridge: Cambridge University Press, 225–252.

Beaumont, J.G. (1987). *Einführung in die Neuropsychologie*. München und Weinheim: Psychologie Verlags Union.

Benson, D. F. & Stuss, D. T. (1982). Motor abilities after frontal leukotomy. *Neurology (NY), 32,* 1353–1357.

Brody, B. A. & Pribram, K. H. (1978). The role of the frontal and parietal cortex in cognitive processing. *Brain, 101,* 607–633.

Brown, J. W. (1975). *Aphasie, Apraxie und Agnosie*. Stuttgart: Gustav Fischer Verlag.

Brown, J. W. (1985a). Frontal lobe syndromes. In: P. J. Vinken, G. W. Bruyn & H. L. Klawens (eds.), *Handbook of clinical neurology, Vol. 45 (revised series 1): Clinical neuropsychology*. Amsterdam: Elsevier science publishers, 23–41.

Brown, J. W. (1985b). Kommentar zu G. Goldberg, Supplementary motor area structure and function: Review and hypotheses. *The Behavioral and Brain Sciences, 8,* 588–589.

Brown, J. W. (1977). *Mind, brain and consciousness*. New York: Academic Press.

Brown, J. W. (1987). The microstructure of action. In E.Perecman (ed.), *The frontal lobes revisited*. New York: IRBN Press, 251–272.

Brown, J. W. (1988). *The life of the mind*. Hillsdale: Lawrence Erlbaum.

Brown, J.W: (1991). *Self and Process*. Brain States and the conscious Present. Springer-Verlag: New York

Brunner, R. J., Kornhuber, H. M., Seemüller, E., Suger, G. & Wallesch, C.-W. (1982). Basal ganglia participation in language pathology. *Brain and language, 16,* 281–299.

Canavan, A. G. M., Janota, I. & Schurr, P. H. (1985). Lurias's frontal lobe syndrome. Psychological and anatomical considerations. *Journal of Neurology, Neurosurgery, and Psychiatry, 48,* 1049–1053.

Chauvel, P., Bancand, J. & Buser, P. (1985). Participation of supplementary motor area in speech. *Experimental Brain Research, 58,* A 14.

Christensen, A.-L. (1986). Applying Lurias's theory to the rehabilitation process of brain damage. In: B. P. Uzzell & V. Gross (eds.), *Clinical neuropsychology of intervention.* Boston: Martinus Nijhoff, 169–177.

Christensen, A.-L., Pinner, M. & Rosenberg, N. K. (1988). Program for rehabilitation of brain damage in Denmark. In: A.-L. Christensen & B. P. Uzzell (eds.), *Neuropsychological rehabilitation.* Boston: Kluwer Academic Publishers, 115–124.

Cramon, D. von (1988). Planen und Handeln. In D.von Cramon, & J. Zihl (Hrsg.), *Neuropsychologische Rehabilitation.* Berlin: Springer, 248–263.

Craine, J. (1982). The Retraining of frontal lobe dysfunction. In L. E. Trexler (ed.), *Cognitive Rehabilitation.* New York: Plenum.

Dahl, G. (1986). *Handbuch zum reduzierten Wechsler-Intelligenztest.* Königstein/Taunus.

Damasio, A. R. (1985). The frontal lobes. In K. M. Heilman & E. Valenstein (eds.), *Clinical neuropsychology. 2nd ed.* New York: Oxford University Press, 339–375.

Damasio, A. R. & Van Hoesen, G. W. (1980). Structure and function of the supplementary motor area. *Neurology (NY), 30,* 359.

Damasio, A. R., Damasio, H. & Chui, H. C. (1980). Neglect following damage to frontal lobe or basal ganglia. *Neuropsychologia, 18,* 123–132.

Deutsch, R. D., Kling, A. & Steklis, H. D. (1979). Influence of frontal lobe lesions on behavioral interactions in man. *Research Communications in Psychology, Psychiatry and Behavior, 4,* 415–431.

Diller, L. & Gordon, W. A. (1981). Rehabilitation and clinical neuropsychology. In S. B. Filskov & T. J. Boll (eds.). *Handbook of clinical neuropsychology.* New York: Wiley, 702–733.

Drewe, E. A. (1975). An experimental investigation of Luria's theory on the effects of frontal lobe lesions in man. *Neuropsychologia, 13,* 421–429.

Eccles, J. C. (1975). *Wahrheit und Wirklichkeit.* Berlin: Springer.

Eccles, J. (1982). The initiation of voluntary movements by the supplementary motor area. *Archiv für Psychiatrie und Nervenkrankheiten, 231,* 423–441.

Eggers, C., Lempp, R., Nissen, G. & Strunk, P. (1989). *Kinder- und Jugendpsychiatrie.* Berlin und Heidelberg: Springer.

Ellis, A. W. & Young, A. W. (1989). *Human cognitive neuropsychology.* Hove: Lawrence Erlbaum.

Eslinger, P. J. & Damasio, A. R. (1985). Severe disturbance of higher cognition following bilateral frontal lobe oblation. *Patient EVR. Neurology, 35,* 1731–1741.

Feuchtwanger, E. (1923). *Die Funktionen des Stirnhirns.* Ihre Pathologie und Psychologie. Monographien aus dem Gesamtgebiet der Neurologie und Psychiatrie. Berlin: Julius Springer.

Finan, J. L. (1942) Delayed response with predelay reinforcement in monkeys after removal of the frontal lobes. *American Journal of Psychology, 55,* 202–214.

Freedman, M., Alexander, M. P. & Naeser, M. A. (1984). Anatomical basis of transcortical motor aphasia. *Neurology (NY), 34,* 409–417.

Fuster, J. M. (1980). *The prefrontal cortex.* New York: Raven

Fuster, J. M. (1984). Behavioral electrophysiology of the prefrontal cortex. *Trends in Neurosciences, 7,* 408–414.

Fuster, J. M. (1987). Single-Unit studies of the prefrontal cortex. In E. Perecman (ed.), *The frontal lobes revisited.* New York: IRBN Press, 109–120.

Glick, S. D. & Zimmerberg, B. (1978). Pharmacological modification of brain lesion syndromes. In S. Finger (ed.), *Recovery from brain damage.* New York and London: Plenum, 281–296.

Goldberg, G. (1987). From intent to action. Evolution and function of premotor systems. In: E. Perecman (ed.), *The frontal lobes revisited.* New York: IRBN Press, 273–306.

Goldberg, E. & Bilder, Jr., R. M. (1987). Hierarchical organization of cognitive control. In E. Perecman (ed.), *The frontal lobes revisited.* New York: IRBN Press, 159–188.

Goldberg, E. & Costa, L. D. (1986). Qualitative indices in neuropsychological assessment. An extension of Luria's approach to executive deficit following prefrontal lesions. In I. Grant & K. Adams (eds.), *Neurological assessment of neuropsychiatric disorders.* New York: Oxford University Press, 48–64.

Goldman-Rakic, P. S. (1987). Circuitry of primate prefrontal cortex and regulation of behavior by representational memory. In *Handbook of physiology. Section 1*: The nervous system. Volume V. Higher functions of the brain, Part 1 (herausgegeben von V. B. Mountcastle, F. Plum & S. R. Geiger). Bethesda, Maryland: American Physiological Society, 373–417.

Goodglass, H. & Kaplan, E. F. (1979). Assessment of cognitive defect in the brain-injured patient. In M. S. Gazzaniga (ed.), *Handbook of behavioral neurobiology. Vol. 2: Neuropsychology,* New York: Plenum, 3–22.

Grafman, J., Vance, S. C., Weingartner, H., Salazar, A. M. & Amin, D. (1986). The effects of lateralized frontal lesions on mood regulation. *Brain, 109,* 1127–1148.

Grafman, J. (1989). Plans, actions and mental sets. Managerial knowledge units in the frontal lobes. In E. Perecman (ed.), *Integrating theory and praxtice in clinical neuropsychology.* Hillsdale, N. Y.: Lawrence Erlbaum, 95–138.

Gray, J. A. (1987). *The neuropsychology of anxiety.* Oxford: Oxford University Press.

Greitemann, G. (1988). Sprache. In D. Cramon & J. Zihl.(Hrsg.), *Neuropsychologische Rehabilitation.* Berlin und Heidelberg: Springer, 274–288.

Gross, Y & Schutz, L. E. (1986). Intervention Models in Neuropsychology. In B. P. Uzzell & Y. Gross (eds.), *Clinical neuropsychology of intervention.* Boston: Martinus Nijhoff, 179–204

Hamlin, R. M. (1970). Intellectual function 14 years after frontal lobe surgery. *Cortex, 6,* 299–307.

Hécaen, H. (1981) Apraxias. In S. Filskov & T. J. Boll, *Handbook of clinical neuropsychology.* New York: Wiley, 1981, 257–286.

Hécaen, H. & Albert, M. L. (1978). *Human neuropsychology.* New York: Wiley.

Heilmann, K. E.; Watson, R. T.,Valenstein, E. (1985). Neglect and Related Disorders. In: K. M. Heilman & E.Valenstein, *Clinical neuropsychology*. New York und Oxford: Oxford University Press, 243–293

Henatsch, H.-D. (1976). Zerebrale Regulation der Sensomotorik. In J. Haase et al. (Hrsg.), *Sensomotorik. Physiologie des Menschen, Bd. 14*. München: Urban & Schwarzenberg, 265–420.

Huber, W., Poeck, K. & Weniger, D. (1989). Aphasie. In: K. Poeck (Hrsg.), *Klinische Neuropsychologie*. Stuttgart und New York: Thieme.

Jacobsen, C. F. (1936). Studies of cerebral functions of the frontal association areas in monkeys. *Comparative Psychology Monographs, 13*, 3–60.

Jantzen, W. (1979). *Grundriß einer allgemeinen Psychopathologie und Psychotherapie*. Köln: Pahl-Rugenstein.

Jantzen, W. (1990). *Allgemeine Behindertenpädagogik, Band 2*. Weinheim und Basel: Beltz.

Jantzen, W. & Jüttner, D. (1981). Neuropsychologische Kritik der Psychochirurgie. *Jahrbuch für Psychopathologie und Psychotherapie 1*, 107–135.

Jones, G. V. (1983). Note on double dissociation of function. *Neuropsychologia 21(4)*, 397–400.

Joseph, R. (1986). Confabulation and delusional denial. Frontal lobe and lateralized influences. *Journal of Clinical Psychology, 42(3)*, 507–520.

Jouandet, M. & Gazzaniga, M. S. (1979). The frontal lobes. In M. S. Gazzaniga (ed.), *Handbook of behavioral neurobiology. Volume 2. Neuropsychology*. New York und London: Plenum, 25–59.

Jürgens, U. & von Cramon, D. (1982). On the role of the anterior cingulate cortex in phonation. A case report. *Brain and Language, 15*, 234–248.

Jürgens, U. (1985). Implication of the SMA in phonation. *Experimental Brain Research, 58*, A 12.

Kaczmarek, B. L. J. (1984). Neurolinguistic analysis of verbal utterances in patients with focal lesions of frontal lobes. *Brain and Language, 21*, 52–58.

Kaczmarek, B. L. J. (1987). Regulatory function of the frontal lobes. A neurolinguistic perspective. In E. Perecman (ed.), *The frontal lobes revisited*. New York: IRBN Press, 225–240.

Kahle, W. (1986). Nervensysteme und Sinnesorgane. In Kahle, W., Leonhardt, H. & Platzer, W.: *Taschenatlas der Anatomie, Bd. 3*. Stuttgart: Thieme.

Kandel, E. & Freed, D. (1989). Frontal lobe dysfunction and antisocial behavior. A review. *Journal of Clinical Psychology, 45(3)*, 404–413.

Kleinpeter, U. (1980). Störungen der Adaption und Besonderheiten der Dekompensation nach Stirnhirn-Verletzungen im Kindesalter. In G. Göllnitz & G. K. Uschakow (Hrsg.), *Zur Kompensation und Dekompensation in der kindlichen Entwicklung*. Jena: Fischer.

Kleist, K. (1934). *Gehirnpathologie*. Vornehmlich auf Grund der Kriegserfahrungen. Leipzig: Barth.

Konow, A. & Pribram, K. H. (1970). Error recognition and utilization produced by injury to the frontal cortex in man. *Neuropsychologia, 8*, 489–491.

Kornhuber, H. H. (1984). Mechanisms of voluntary movement. In W. Prinz & A. F. Sanders, *Cognition and motor processes*. Berlin und Heidelberg: Springer, 163–174.

Kornhuber, H. H. (1985). The Bereitschaftspotential and the activity of the supplementary motor area preceding voluntary movement. *Experimental Brain Research, 58,* A 10.

Kuppel, E. (1989). *Aspekte der pädagogischen und therapeutischen Förderung einer jungen Frau mit Frontalhirnsyndrom und dynamischer Aphasie.* Bremen: Unveröffentlichte Hausarbeit.

Lahmeyer, H. W. (1982). Frontal lobe meningioma and depression. *Journal of Clinical Psychiatry, 43,* 254–255.

Le Doux, J. E. (1986). The neurobiology of emotion. In J. E. Le Doux & W. Hirst (eds.), *Mind and brain dialogues in cognitive neuroscience.* Cambridge: Cambridge University Press, 301–354.

Leischner, A. (1987). *Aphasien und Sprachentwicklungsstörungen.* Stuttgart: Thieme.

Leontjew, A. N. (1987). *Tätigkeit, Bewußtsein, Persönlichkeit.* Berlin: Volk und Wissen.

Leontjew, A. N. & Zaporoshets, A. V. (1960). *Rehabilitation of hand function.* Oxford, London, New York & Paris: Pergamon.

Lezak, M. D. (1978). Living with the characterologically altered brain injured patient. *Journal of Clinical Psychiatry, 39,* 592–598.

Lezak, M. D. (1982). The problem of assessing executive functions. *International Journal of Psychology, 17,* 281–297.

Lhermitte, F. (1983). ,Utilisation behavior' and its relation to lesions of the frontales lobes. *Brain, 106,* 237–255.

Lhermitte, F. (1986). Human autonomy and the frontal lobes. Part II: Patient behavior in complex and social situations. The „Evironmental dependency syndrome". *Annals of Neurology, 19 (4),* 335–343.

Lhermitte, F., Pillon, B. & Serdaru, M. (1986). Human autonomy and the frontal lobes. Part I. Imitation and utilization behavior: A neuropsychological study of 75 patients. *Annals of Neurology, 19(4),* 326–334.

Lishman, W. A. (1968). Brain damage in relation to psychiatric disability after head injury. *British Journal of Psychiatry, 114,* 373–410.

Luria, A. R. (1963). *Restoration of function after brain injury.* Oxford, London, New York, Paris: Pergamon Press.

Luria, A. R. (1965). Two kinds of motor perseveration in massive injuries of the frontal lobes. *Brain, 88,* 1–10.

Luria, A. R. (1969). Frontal lobe syndromes. In P. Vinken & G. Bruyn (eds.), *Handbook of clinical neurology, Vol.2: Localisation in clinical neurology.* Amsterdam: North-Holland Publ., 725–757.

Luria, A. R. (1970). *Die höheren kortikalen Funktionen des Menschen und ihre Störung bei örtlicher Hirnschädigung.* Berlin: Deutscher Verlag der Wissenschaften.

Luria, A. R. (1973). *The working brain.* An introduction to neuropsychology. New York: Basic Books.

Luria, A. R. (1976). *The neuropsychology of memory.* Washington, D. C., Winston.

Luria, A. R. (1979). *The making of mind.* (edited by M. Cole und S. Cole.) Cambridge, Massachusetts and London, England: Havard University Press.

Luria, A. R. (1982.) *Sprache und Bewußtsein.* Berlin: Volk und Wissen.

Luria, A. R. (1987). *The man with a shattered world.* Cambridge, Massachusetts: Havard University Press.

Luria, A. R. & Tsvetkova, L. S. (1964). The programming of construction activities in local brain injuries. *Neuropsychologia, 2,* 95–107.

Luria, A. R., Pribram, K. H. & Homskaya, E. D. (1964.). An experimental analysis of the behavorial disturbance produced by a left frontal arachnoidal endothelioma (meningioma). *Neuropsychologia, 2,* 237–280.

Malmo, R. B. (1942). Interference factors in delayed response in monkeys after removal of frontal lobes. *Journal of Neurophysiology, 5,* 295–308.

Masden, J. (1980). Aphasia after infarction of the left supplementary motor area. *Neurology (NY), 30,* 359.

Mc Allister, T. W. (1985). Carbamazepine in mixed frontal lobe and psychiatric disorders. *Journal of Clinical Psychiatry, 46,* 393–394.

Mc Allister, T. W. & Price, T. R.P. (1987). Aspects of the behavior of psychiatric inpatients with frontal lobe damage. Some implications for diagnosis and treatment. *Comprehensive Psychiatry, 28(1),* 14–21.

Milner, B. (1963). Effects of different brain lesions on cardsorting. *Archives of Neurology, 9,* 90–100.

Milner, B. (1964). Some effects of frontal lobectomy in man. In J. M. Warren & K. Akert (eds.), *The frontal granular cortex and behavior.* New York: Mc Graw-Hill, 313–331.

Milner, B. (1965). Visually-guided maze learning in man. Effects of bilateral hippocampal, bilateral frontal and unilateral cerebral lesions. *Neuropsychologia, 3,* 317–338.

Milner, B. (1982). Some cognitive effects of frontal-lobe lesions in man. In D. E. Broadbent & L. Weiskrantz (eds.), *The neuropsychology of cognitive function.* London: The Royal Society, 211–226.

Milton, S. B. & Wertz, R. T. (1986). Management of persisting communication deficits in patients with traumatic brain injury. In B. P. Uzzell & Y. Gross (eds.), *Clinical neuropsychology of intervention.* Boston: Martinus Nijhoff, 223–256.

Mirsky, A. F. (1989). The neuropsychology of attention. Elements of a complex behavior. In E. Perecman (ed.), *Integrating theory and practice in clinical neuropsychology.* Hillsdale, NY: Lawrence Erlbaum, 75–91.

Nauta, W. J. H. (1964). Some efferent connections of the prefrontal cortex in the monkey. In J. M. Warren & K. Akert (eds.), *The frontal granular cortex and behavior.* New York: Mc Graw-Hill, 397–409.

Nauta, W. J. H. (1971). The problem of the frontal lobe. A reinterpretation. *Journal of Psychiatric Research, 8,* 167–187.

Nauta, W. J. H. (1972). Neural associations of the frontal cortex. *Acta Neurobiologiae Experimentalis (Warschau), 32,* 125–140.

Nauta, W. J. H. & Feirtag, M. (1986). *Fundamental Neuroanatomy.* New York: W. H. Freeman and Company.

Newcombe, F. & Ratcliff, G. (1979). Long-term psychological consequences of cerebral lesions. In M. S. Gazzaninga: *Handbook of behavioral neurobiology. Vol.2: Neuropsychology.* New York und London: Plenum Press, 495–540.

Perret, E. (1974). The left frontal lobe in man and the suppression of habitual responses in verbal categorical behavior. *Neuropsychologia, 12,* 323–330.

Petrides, M. (1985). Deficits on conditional associative-learning tasks after frontal- and temporal-lobe lesions in man. *Neuropsychologia, 23,* 601–614.

Petrides, M. & Milner, B. (1982). Deficits on subject-ordered tasks after frontal- and temporal-lobe lesions in man. *Neuropsychologia, 20:* 249–262.

Poeck, K. (1987). *Neurologie.* Berlin und Heidelberg: Springer.

Poeck, K. (1989). *Klinische Neuropsychologie.* Stuttgart und New York: Thieme

Poeck, K. (1992). *Neurologie.* 8. Auflage. Berlin u. Heidelberg: Springer.

Pribram, K. H. (1971). *Languages of the brain.* New Jersey: Prentice-Hall, Inc., Englewood Cliffs.

Pribram, K. H. (1973). The primate frontal cortex-executive of the brain. In K. H. Pribram & A. R. Luria (eds.), *Psychophysiology of the frontal lobes.* New York: Academic Press, 293–314.

Pribram, K. H. (1976). Die anamnestischen Syndrome: Kodierungsstörungen. *Zeitschrift für Psychologie, 184,* 404–431.

Pribram, K. H. (1981). Emotions. In S. B. Filskov & T. J. Boll, *Handbook of clinical neuropsychology. New York: Wiley, 102–134.*

Pribram, K. H. (1987). The subdivisions of the frontal cortex revisited. In E. Perecman (ed.), *The frontal lobes revisited.* New York: IRBN Press, 11–39.

Pribram, K. H. & Mc Guinness, D. (1976). Arousal, Aktivierung und Anstrengung: gesonderte neurale Systeme. *Zeitschrift für Psychologie, 184,* 382–403.

Pribram, K. H. & Tubbs, W. E. (1967). The primate frontal cortex. *Science, 156,* 1765.

Pribram, K. H., Ahumada, A., Hartog, J. & Ross, L. (1964). A progress report on the neurological processes disturbed by frontal lesions in primates. In J. M. Warren & K. Akert (eds.), *The frontal granular cortex and behavior.* New York: Mc Graw-Hill, 28–55.

Prigatano, G. P. (1986a). Personality and psychosocial consequences of brain injury. In G. P. Prigatano (ed.), *Neuropsychological rehabilitation after brain injury.* Baltimore: John Hopkins University Press, 29–50.

Prigatano, G. P. (1986b). Cognitive retraining in perspective. In G. P. Prigatano (ed.), *Neuropsychological rehabilitation after brain injury.* Baltimore: John Hopkins University Press, 51–66.

Prigatano, G. P. (1986c). Psychotherapy after brain injury. In: Prigatano, G. P. (ed.), *Neuropsychological rehabilitation after brain injury.* Baltimore: John Hopkins University Press, 67–95.

Prigatano, G. P. (1988). Emotion and motivation in recovery and adaptation after brain damage. In Finger, S. & Le Vere, T. E. & Almli, C. R. & Stein, D. G.: *Brain injury and recovery.* New York: Plenum, 335–350.

Prigatano, G. P. & Fordyce, D. J. (1986). The neuropsychological rehabilitation program at Presbyterian Hospital, Oklahoma City. In G. P. Prigatano (ed.), *Neuropsychological rehabilitation after brain injury.* Baltimore: John Hopkins University Press, 96–118.

Prigatano, G. P., Ronecke J. R. & Fordyce, D. J. (1986). Nonaphasic language disturbances after brain injury. In G. P. Prigatano (ed.), *Neuropsychological rehabilitation after brain injury.* Baltimore: John Hopkins University Press, 18–28.

Prosiegel, M. (1988). Psychopathologische Symptome und Syndrome bei erworbenen Hirnschädigungen. In D. v. Cramon & J. Zihl (Hrsg.), *Neuropsychologische Rehabilitation.* Berlin: Springer Verlag, 57–82.

Reitan, R. M. & Davison, L. A. (1974). *Clinical neuropsychology:* Current status and applications. Washington, D. C.: Winston & Sons.

Robinson, A. L., Heaton, R. K., Lehman, R. A. W. & Stilson, D. W. (1980). The utility of the wisconsin card sorting test in detecting and localizing frontal lobe lesions. *Journal of Consulting and Clinical Psychology, 48(5),* 605–614.

Robinson, R. G., Kubos, K. L., Starr, L. B., Rav, K. & Price, T. R. (1984). Mood disorders in stroke patients: Importance of location of lesion. *Brain, 107,* 81–93.

Ruffin, H. (1939). Stirnhirnsymptomatologie und Stirnhirnsyndrome. *Fortschritte der Neurologie, Psychiatrie und ihrer Grenzgebiete.* Leipzig: Thieme, XI. Jg., 34–81.

Rylander, G. (1948/1966). Personality analysis before and after frontal lobotomy. In *The frontal lobes.* Proceedings of the association for research in nervous and mental disease december 12 and 13, 1947 New York. New York: Hafner.

Shallice, T. (1982). Specific impairments of planning. In D. E. Broadbent & L. Weiskrantz (eds.), *The neuropsychology of cognitive function.* London: The Royal Society, 199–209.

Shallice, T. & Evans, M. E. (1978). The involvement of the frontal lobes in cognitive estimation. *Cortex, 14,* 294–303.

Simonov, P. V. (1982). *Höhere Nerventätigkeit des Menschen.* Berlin: Volk und Gesundheit.

Simonov, P. V. (1986). *The emotional brain.* New York und London: Plenum.

Sorrentino, A. M. (1988). *Behinderung und Rehabilitation.* Ein systemischer Ansatz. Dortmund: modernes lernen.

Stein, D. G. & Sabel, B. A. (Eds.). (1988). *Pharmakological approaches to the treatment of brain and spinal cord injury.* New York und London: Plenum.

Stuss D. T., Alexander, M. P., Liebermann, A. & Levine, H. (1978). An extraordinary form of confabulation. *Neurology (NY), 28,* 1166–1172.

Stuss, D. T. & Benson, D. F. (1984). Neuropsychological studies of the frontal lobes. *Psychological Bulletin, 95(1),* 3–28.

Stuss, D. T. & Benson, D. F. (1986). *The frontal lobes.* New York: Raven Press.

Stuss, D. T. & Benson, D. F. (1987). The frontal lobes and control of cognition and memory. In E. Perecman (ed.), *The frontal lobes revisited.* New York: IRBN Press, 141–158.

Teuber, H-L. (1964). The riddle of frontal lobe function in man. In J. M. Warren & K. Akert (eds.), *The frontal granular cortex and behavior.* New York: Mc Graw-Hill, 410–444.

Teuber, H-L. (1972). Unity and diversity of frontal lobe functions. *Acta Neurobiologiae Experimentalis (Warschau),32,* 615–656.

Thompson, J. G. (1988). *The psychobiology of emotions.* New York und London: Plenum.

Thun, T. (1988). Psychotherapie und Sozialtherapie. In D.v. Cramon & J. Zihl (Hrsg.), *Neuropsychologische Rehabilitation.* Berlin und Heidelberg: Springer, 83–104.

Travaglione, L. (1989). An approach and techniques of small group procedures to facilitate awareness, malleability and acceptance in head injured persons. In L. Diller, Y. Ben-Yishay & L. Travaglione, Neuropsychological rehabilitation after head trauma and stroke. *Bericht über den 1. Neuropsychologischen Workshop der Klinik Bavaria vom 17.-19. 2. 1989, Schaufling (herausgegeben von T. Thun),* 44–50.

Ude-Pestel, A (1983). *Ahmet.* Geschichte einer Kindertherapie. München: Deutscher Taschenbuch Verlag.

Walsh, K. W. (1978). *Neuropsychology: A clinical approach.* New York: Churchill Livingstone.

Wang, P. L. (1987). Concept formation and frontal lobe function: The search for a clinical frontal lobe test. In E.Perecman (ed.), *The frontal lobes revisited.* New York: IRBN Press.

Welt, L. (1888). Ueber Charakterveränderungen des Menschen infolge von Läsionen des Stirnhirns. *Deutsches Archiv für Klinische Medizin, 42,* 339–390.

Wilkening, G. N. (1989). Techniques of localization in child neuropsychology. In C. R. Reynolds & E. Fletcher-Janzen, *Handbook of Clinical Child Neuropsychology.* New York und London: Plenum, 291–309.

Wolfram, H., Neumann, J. & Wieczorek, V. (1986). *Psychologische Leistungstests in der Neurologie und Psychiatrie.* Leipzig: Thieme.

Glossar

Afferenzen. Beschreibung der Richtung der Informationsübertragung. Über afferente Nervenleitungen bekommt eine Einheit Eingänge.

Akinese (oder Akinesie). Bewegungsarmut, Bewegungshemmung von Gliedmaßen.

Anteriorer Kortex. Liegt vor der Zentralfurche und besteht aus den Frontallappen.

Basalganglien. Gruppe von Kernen des Vorderhirns, die das Pallidum, das Claustrum, den Nucleus caudatus, das Putamen und die Amygdala umfassen. Kahle (1986) lehnte die Verwendung des Begriffs mit der Begründung, er sei mangelhaft definiert, ab.

Catecholamine. Chemische Substanzen, wie z. B. Adrenalin oder Dopamin, die als Neurotransmitter eine bedeutende Rolle bei der Übertragung von Nervensignalen spielen.

Cingulum. Der Gyrus cinguli ist ein großes limbisches Faserbündel, welches über dem corpus callosum liegt und vom Stirnhirn bis zur Hippocampusformation reicht.

Corpus callosum (Balken). Dieses Nervenfasersystem verbindet die beiden Hemisphären des Großhirns und erlaubt eine Informationsübertragung von einer Hemisphäre zur anderen.

Dienzephalon. Zwischenhirn.

Echolalie. Äußerungen des Untersuchers werden im gleichen Wortlaut oder leicht verändert wiederholt.

Echopraxie. Bewegungen des Untersuchers werden wiederholt.

Efferenzen. Beschreibung der Richtung der Informationsübertragung. Über efferente Nervenleitungen übermittelt eine bestimmte Einheit Informationen an andere Einheiten.

Formatio reticularis. Neuronales Netzwerk des Hirnstamms, welches z. T. Anhäufungen von Neuronen in Form von Kernen aufweist.

Hypothalamus. Kerngebiet, das zum Zwischenhirn gehört. Über die Steuerung des autonomen Nervensystems sowie durch Bildung von Neurohormonen werden vegetative Funktionen reguliert.

Insel. Bezirk der lateralen Oberfläche, der während der Entwicklung im Wachstum zurückbleibt und von den stärker wachsenden Nachbargebieten der Hemisphäre überlagert wird.

Interozeption. Reize aus dem Körperinnern, z. B. den Muskeln und Sehnen, die an das Zentralnervensystem geleitet werden.

Isokortex. Bezeichnung für den Neokortex.

Limbisches System. Bestandteile dieses Systems sind der Hippocampus, die Septalkerne, der Gyrus cinguli, das Corpus amygdaloideum (Amygdala; Mandelkernkomplex) und das Corpus mamillare. Von vielen Autoren wird auch noch der gesamte Hypothalamus hinzugerechnet.

Lobotomie. Eingriff, bei dem die Verbindungen von Hirnlappen durchtrennt werden.

Locus coeruleus. Kerngebiet, das zur Formatio reticularis gehört.

Morphologisch. In der Sprachwissenschaft die Lehre von den Formen, umfaßt das Wissen von Formveränderungen, denen Wörter durch Deklination und Konjugation unterliegen.

Paraphasie, phonematische. Wörter werden lautlich verändert, indem einzelne Laute ersetzt, hinzugefügt, umgestellt oder ausgelassen werden (z. B. Spille statt Spinne, Urine statt Ruine).

Posteriorer Kortex. Liegt hinter der Zentralfurche und besteht aus den Temporal-, den Parietal- und den Okzipitallappen.

Raphe-Kerne. Diese Neuronengruppe des Hirnstamms liegt im Bereich der Formatio reticularis.

Semantik. Teilgebiet der Sprachwissenschaft, das sich mit den Inhalten und Bedeutungen sprachlicher Zeichen (Wörter, Sätze, Texte) beschäftigt.

Septumregion. Teil des limbischen Systems.

Syntagma, das. Zusammengehörende Satzteile in einem komplexeren Satz, z. B. am späten Nachmittag in dem Satz: „Sie hörten am späten Nachmittag Radio auf der Veranda".

Syntax. Lehre von den Beziehungen und Funktionen sprachlicher Zeichen im Satz.

Thalamus. Gruppe von Kernen, die zum Zwischenhirn gehört. Der Thalamus ist das Eingangsorgan der Großhirnrinde.

Vorderhirn. Das Vorderhirn besteht aus dem Großhirn (Endhirn oder Telencephalon) und dem Zwischenhirn (Diencephalon).

Zwischenhirn. Zu diesem Hirnabschnitt, der zwischen dem Großhirn und dem Mittelhirn liegt, gehören der Thalamus und der Hypothalamus.